マンガでわかる

オトコの子の「性」

SEXUALITY EDUCTAION FOR BOYS

思春期男子へ13のレッスン

村瀬幸浩［監修］日本思春期学会名誉会員・元一橋大学講師

染矢明日香［著］NPO法人ピルコン理事長

みすこそ［マンガ］

合同出版

はじめに

私はNPO法人ピルコンという団体で、中高生向けに性教育の講演をしています。いろいろな学校で「体と心」「性」「思春期の変化」について、大学生のスタッフと身近な目線から伝え、中高生の質問や相談も受けてきました。

講演の後には、

「今までよくわかっていなかった性知識を知ることができた。これからの対策や改善に役立てていきたい」

「自分で考えて決断する。知識はちゃんともっておくこと。それが自分、相手を傷つけないために大切なことだと思った」

「将来にかかわる大切なことを知ることができてよかった」

といった感想が寄せられます。

世の中にはたくさんの情報が溢れていますが、みなさんにとって本当に必要な性に関する情報を得る機会が少なすぎると感じています。ネットやケータイ・スマホは知りたいことをすぐに調べられて便利ですが、残念ながらそれらの情報がすべて正しいとは限りません。

この本は、私のところに届く中高生や親、先生方の悩みやエピソードをもとにマンガとQ

＆Ａにまとめました。同じような悩みや不安をかかえるあなたやあなたの友だちの不安を取り除く助けになればと思います。

男の子にも女の子にも、これから自分らしい人生を歩んでいくうえで、正しい知識を身につけて、性を自分のこととして考えてほしいと願っています。

また、思春期の子どもとかかわる大人にとって、子どもたちに今どういうことが起こっていて、どのようにサポートできるのかというヒントにもなればうれしいです。

一番はじめからでも、興味のあるところからでもどうぞ楽しんで読んでみてくださいね。

ＮＰＯ法人ピルコン理事長　染矢明日香

もくじ

＊この本のマンガのストーリー設定、登場人物・団体名は、すべてフィクションです。

LESSON 1

大人に近づく体と心

おーいさっしー
何《なに》やってんだよー
昔《むかし》は女《おんな》の子《こ》のパンツ見《み》たってこんなにドキドキしたことなかった
なんかうまく言《い》えないんだけど今《いま》の自分《じぶん》は…
今《いま》までの自分《じぶん》じゃないみたいだ
げえええええ
男子更衣室
ケンの方《ほう》が背高《せたか》いんだけど！
おー
最近急《さいきんきゅう》に背《せ》が伸《の》びてきちゃってさ
成長痛《せいちょうつう》で足痛《あしいた》いんだよね
ヒゲっぽいのも生《は》えてきちゃってさあ〜
思春期到来《ししゅんきとうらい》ってやつ？
ぐぬぬぬ
昔《むかし》はケンなんてオレより背《せ》が低《ひく》かったのに…
ケンとさっしー小学四年の図
ぬぬぬ
まだアソコの毛《け》も生《は》えそろってないし…
しゅん
もしかして他《ほか》のヤツらももう生《は》えてたりするのかな
オレだけどっかおかしいのかも…
おっもしかしてお前も？
つ、うるせー!!
バッ

はぁ〜〜〜…
あら 帰《かえ》ってきてたの？
まったく ただいまも 言《い》わないで
カチャ
夕《ゆう》ごはんは どうするの
後《あと》で食《た》べる
宿題《しゅくだい》ちゃんと やりなさいよ
どす
どす
やるってば!!
ちょっと 放《ほう》っておいて よ！
バタン
も〜
あ〜〜〜 も〜〜 うるさいなー
ぼふっ
こんなに 悩《なや》んでばっか なのに
もん
もん
最近《さいきん》かーちゃん はやたらウザい し…
オレだけなのかな こんな気持《きも》ちに なるの…
ガタッ
ん？
ま 窓《まど》の外《そと》に だれかいる!?
ガチャ
うわああ

悩《なや》める男子
ばん!
発見《はっけん》ーーー!!!
ぎゃあああああああああああああ!!!
あわわ
悩《なや》みシグナル大《おお》きすぎてかけつけてきちゃった
あなた、どうしたのー?
ギャピ
えええええい、いきなり何者《なにもの》ですかー!?
私《わたし》はあすか先生《せんせい》
あなたみたいな若《わか》い子《こ》たちの性《せい》の悩《なや》みを解決《かいけつ》するプロよ!
だら
だら
びしっ
ぱちこーん
どんなお悩《なや》みも私《わたし》にかかればスッキリ解決《かいけつ》!
あなたのその悩《なや》み、解決《かいけつ》してあげる!

え―…
だれもそんなの頼《たの》んでな
そう!!
思春期《ししゅんき》…さっしー、あなたみたいな年齢《ねんれい》の時期《じき》のことなんだけど
この時期《じき》には性《せい》ホルモンが分泌《ぶんぴつ》されて
ちょっと何《なん》でオレの名前《なまえ》知《し》ってるんですかあ!?
キリッ
くるっ
体《からだ》と心《こころ》に変化《へんか》が訪《おとず》れるのよ!
あの!!
人《ひと》の話《はなし》聞《き》いてくださいよ!!
脳《のう》からの命令《めいれい》を受《う》けて、卵巣《らんそう》もしくは精巣《せいそう》から
性《せい》ホルモンが分泌《ぶんぴつ》されるわ
精巣
卵巣
ペニスをもつ人《ひと》の変化《へんか》
ニキビができやすくなる
ヒゲが生《は》える
声《こえ》が変《か》わる
ワキ毛《げ》や性毛《せいもう》が生《は》える
胸《むね》や足《あし》の毛《け》が濃《こ》くなる
外性器《がいせいき》が大《おお》きくなる
がっしりとした体《からだ》になる
子宮《しきゅう》をもつ人《ひと》の変化《へんか》
ニキビができやすくなる
胸《むね》が膨《ふく》らむ
おしりが大《おお》きくなる
ワキ毛《げ》や性毛《せいもう》が生《は》える
外性器《がいせいき》が大《おお》きくなる
丸《まる》みのある体《からだ》になる
背《せ》が伸《の》びることと同《おな》じように
体《からだ》の変化《へんか》の順序《じゅんじょ》やスピードは人《ひと》それぞれよ
体《からだ》の変化《へんか》に戸惑《とまど》ったり、他《ほか》の子《こ》との成長《せいちょう》の差《さ》に悩《なや》んだりするのも
ニキビが〜…
わきがクサイ…
あ〜
声がでにくい〜
一般的《いっぱんてき》な思春期《ししゅんき》の特徴《とくちょう》ね!

そして
性的《せいてき》な欲求《よっきゅう》も芽生《めば》える
時期《じき》！
個人差《こじんさ》はあるけどね！
ドキ
つい今日
のことが
あたまに…
射精《しゃせい》や
月経《げっけい》が
はじまって、
妊娠《にんしん》ができる
大人《おとな》の体《からだ》に
なるのも
この時期《じき》ね！
そして
思春期《ししゅんき》は
心《こころ》の変化《へんか》も
あるの！
ぴっ
大人《おとな》が急《きゅう》に
不潔《ふけつ》に
思《おも》えたり
お父さん
私の下着と一緒に
洗濯しないで!!
ああいうの
かな…
家族《かぞく》や周囲《しゅうい》の
大人《おとな》に反抗《はんこう》
したくなったり
ズドーン
思いあたるふし

昔《むかし》は親《おや》に何《なん》でも話《はな》せたのに、相談《そうだん》しづらいことが多《おお》くなることもあるわ
思春期《ししゅんき》になってイライラしたり落《お》ち込《こ》みやすくなる人《ひと》もいるわね
思いあたるふし
ぐぬぬ
あら？思《おも》いあたるふしとかある？
あ…
ズッ
あの、でも、あすか先生《せんせい》
なあに？
どうしてもイライラしたりモヤモヤしたりする時《とき》は
どうしたらいいんですか？
大丈夫《だいじょうぶ》よっ!!
がっ!
大人《おとな》に対《たい》するイライラや、自分《じぶん》の存在《そんざい》って何《なに》？って悩《なや》むのも
大人《おとな》に近《ちか》づく成長《せいちょう》プロセスの1つ！
大人への道

TO BE CONTINUED...

教えて!? あすか先生〜!

Q

お母さんから「汗くさい！」って言われた。毎日ちゃんとお風呂に入ってるのに……。どうしたらいいの？

A

人からにおいのことを指摘されるのはちょっとショックよね。でもそのにおい、実は、汗そのものがにおうわけではなくて、汗をかいた後、汗に含まれる成分が酸化したり、細菌により分解されて生じる成分が原因なの。汗は体温を調節する大切な役割があるけど、汗の量が多かったり、汗をかいた後そのまま放置すると、汗を分解する細菌が繁殖しやすい環境になってにおいやすくなるのよ。

また、汗を出す「汗腺」の1つに「アポクリン腺」という汗腺があって、思春期にわきの下や性器など、特定の部位に発達します。小さい頃は気にならなかったのに、思春期以降、ツンとする独特のにおいに悩む人もいるかもしれません。

においをおさえるポイントとしては、汗をかいたらすぐにふき取る、着替える、シャワーなどで洗う、など清潔に保つこと。衣類やタオルなど肌に直接触れるものはこまめに洗濯しましょう。においの気になるわきの下や足に制汗スプレーやボディシート、デオドラントスティックを使用するのも1つの方法です。ある程度の体臭はだれにでもあるもので、あまり神経質になる必要はありません。それでもどうしても気になる場合は、家族に自分のにおいについて聞いてみたり、多汗症やわきがの専門医に相談してみてね！

Q

アソコの毛がまだ生えてなくて、修学旅行のお風呂がユウウツ……。

A

それは、性器のまわりに生える毛のことを言ってるのね（正しくは性毛や陰毛と言うわ！）。思春期は自分自身に関心が向き、他の人から自分はどう見られているかがとても気になる時期。身近な友だちと体の成長の度合いを比べて「自分は遅れてるんじゃないか」と不安な気持ちになることもよくあります。

どうしてもイヤっていう時は、タオルで見えないように隠したり、入浴時間を友だちが少ない時間帯にずらしたり、「お腹を下し気味なので、個室のシャワーを使えませんか？」と先生に相談してみてはどうかしら？　友だちから何か言われる前に、自分からさらっと「オレ、毛が薄いんだよね」って言ってみるのも手だと思うわ。

でもあんまり深刻に悩まないで。思春期になると性ホルモンが分泌《ぶんぴつ》され、背が伸びる以外にも体はじょじょに大人へと近づいていきます。けれど、変化が起こりはじめる部位や年齢は、1人ひとり違うもの。大人になっても身長が高い人、低い人がいるように、体と心の完成形も人それぞれです。

今は毛が生えてなくてイヤかもしれないけれど、逆にヒゲや毛が濃いのが悩みという人や、声が高い、筋肉質ではなくて体つきが弱々しいということで悩んでいる大人もいます。悩んでもどうにもならない人との違いは「欠点」ではなく、「個性」や「自分らしさ」として受け止められると素敵だと思うわ。

教えて!? あすか先生〜!

Q

親の言うことがいちいち気にかかって素直になれない……。

A

親やまわりの大人に対して素直になれない、というのも成長の証《あか》し! ちょうど思春期は子どもから大人へゆらぎながら成長していく時期です。親や大人の言うことがすべて正しいわけではないって気づいたり、反抗心が芽生えるのは当然起こりうることね。

でも、素直になるのがむずかしいという時も、自分の気持ちをきちんと言葉で相手に伝えられる人になってください。「ウザい」とか「べつに……」ですませないで、「自分はこうされるのがイヤだ/不快に思う」というように表現できると、お互いの理解も深まります。そして「ちょっと今は1人でいたい/考えたい」と伝えて一時的に親と距離を置くのもいいと思うし、つい反抗して親を傷つけてしまったな（大人も傷つくのよ）、言い過ぎてしまったな……と思う時は後からでもいいから素直にあやまってね。実際、親を含め完璧《かんぺき》な人間などいません。友だちやきょうだい、先生、他の大人とのかかわりの中で、少しずつ将来のことを考えたり、自分の考えを持てるように成長していってほしいな。

Q

ちょっとしたことで落ち込んだり、気分が不安定になるんだけど。これってうつ……?

A

思春期は性ホルモンが分泌される影響もあって気持ちが不安定になりやすい時期です。イライラしやすかったり、テンションがあがったと思うと急にブルーになったり……。思春期にはこんなことがよく起こるのです。

とは言え、できれば感情にふり回されずに過ごしたいもの。落ち込んだり、カチンときた時は、まずはゆっくり深呼吸して、「なぜ自分はそう感じたのか？」という原因をちょっと考えてみましょう。グループの友だちといまいちなじめなかった、イヤなことを言われた、勉強がわからない、家族のことがうっとうしい……とか。

自分は何について傷ついたり、怒ったりしているのか。だからどういうふうにするといいのか。複雑でよくわからなければ、ノートに書いてみるのもおすすめよ！人やモノにあたるよりも、整理しているうちに頭の中がスッキリして、いい解決策のヒントが見つかるはず。

また、好きなことに集中したり、体を動かしたり、自分の気持ちを発散できる方法を見つけておくといいわね。

気分転換をしてもよくならない、そんな工夫すらしたくないという気持ちが続く場合は心の病気のサインかもしれません。「何をしても楽しくない」というユウウツな気分や「何もする気が起きない」という無気力、不安感や眠れないなどの状況が2週間以上続く場合には、学校の保健室の先生やスクールカウンセラー、精神科や心療内科、神経科のある病院やクリニックに相談してみて。

LESSON 2 だれにも言えない ぼくたちの悩み

はいコレ
サンキュ
サスケの拳
おーサスケ アニメ化かー
今週のとち亀がさ〜
あーあれね
…ん?
おい…さっしー?
どうしたの?顔色《かおいろ》悪《わる》いよ
包茎《ほうけい》って
手術《しゅじゅつ》が必要《ひつよう》な程《ほど》のものなのか!?
もう悩まない!!
悩みを1人で抱えていたら
包茎手術は染矢クリニック

おーい さっしー
今日《きょう》部活《ぶかつ》ないし
まっちゃん家《ち》で
ゲームしよーぜ！
オレ今日《きょう》は
パス…
じゃ
ポカーン
さっしーが
ゲーム断るってさ…
今までなかったよな…
はぁ〜
包茎《ほうけい》って恥《は》ずかしいよな…
手術《しゅじゅつ》が必要《ひつよう》な
くらいだしな…
てことは!?
オレも手術《しゅじゅつ》しなきゃいけないってことか!?
ガーン
それはイヤだ!!
ただいま…

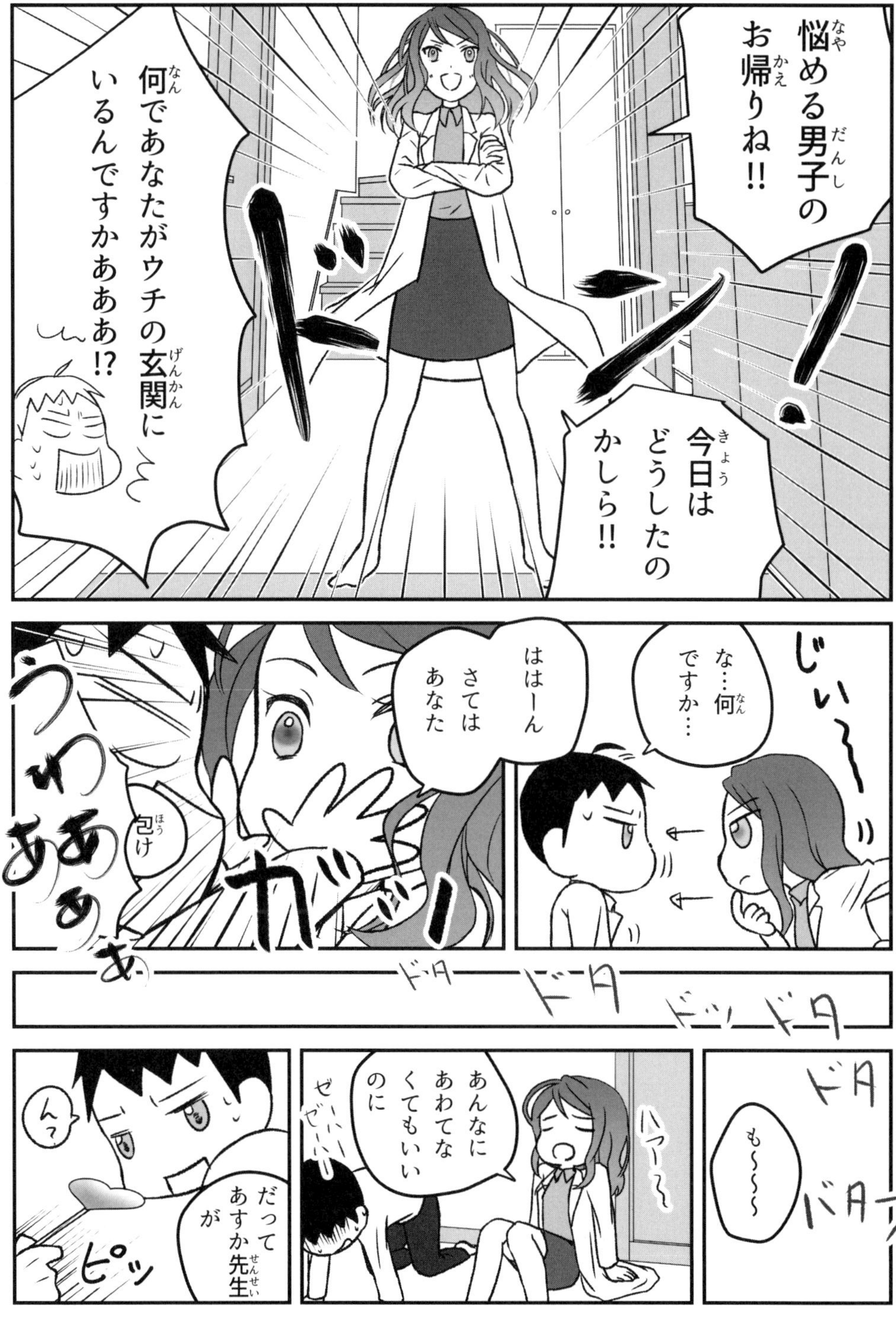

悩《なや》める男子《だんし》のお帰《かえ》りね!!
ドン!
今日《きょう》はどうしたのかしら!!
何《なん》であなたがウチの玄関《げんかん》にいるんですかあああ!?
じぃ〜〜
な…何《なん》ですか…
ははーん さてはあなた
包《ほう》け
ガバッ
うわあああ
ドタ ドタ ドッドタ
ドタ
も〜〜〜
バタン
ハァ〜〜
あんなにあわてなくてもいいのに
ぜいぜい
だってあすか先生《せんせい》が
んっ
ピッ

包茎《ほうけい》のことでお悩《なや》みね！
ピッ
図星
別《べつ》に悩《なや》むことじゃないわ！かぶっているのがあたり前《まえ》なのよ！
えっ そうなの!?
バン！
ぴーん
ピッ
大人《おとな》になるとむけて当然《とうぜん》だと思《おも》っている人《ひと》もいるけど実際《じっさい》7割程《わりほど》はむけていないのよ
ババン！
えっ そうなの!?

なぁんだ…
むけてなくてあたり前《まえ》なんだ…あぁ～よかったぁ
これで終《お》わりじゃないからね
さっしーにはもっと知《し》っておくべきことがあるのよ
えー…やっぱり…？
包茎《ほうけい》とは皮膚《ひふ》(包皮《ほうひ》)を引《ひ》っ張《ぱ》ってもペニスの先《さき》(亀頭《きとう》)が出《で》てこないことを言《い》うんだけど
これには種類《しゅるい》があるのよ
は…はあ…
コレが仮性包茎《かせいほうけい》って言《い》ってね、引《ひ》っ張《ぱ》れば手《て》でむけちゃう状態《じょうたい》のことよ
亀頭《きとう》
包皮《ほうひ》
仮性包茎《かせいほうけい》
真性包茎《しんせいほうけい》は手《て》で引《ひ》っ張《ぱ》ってもむけない状態《じょうたい》を言《い》うのよ
亀頭《きとう》
包皮《ほうひ》
ズルッと…とはいかない
いかない…
真性包茎《しんせいほうけい》
皮《かわ》を引《ひ》っ張《ぱ》ればむける仮性包茎《かせいほうけい》は
手術《しゅじゅつ》もいらないし問題《もんだい》ないわ
へーそうなんだ
どうしてもむけたペニスがよかったら毎日《まいにち》お風呂《ふろ》で少《すこ》しずつ包皮《ほうひ》を押《お》し下《さ》げて洗《あら》って少《すこ》しずつクセをつけていくとなるかもね
個人差《こじんさ》があるから無理《むり》をする
必要《ひつよう》はないわ

＊下着が汚れるくらい出血する場合は病院を受診しましょう。

TO BE CONTINUED...

教えて!? あすか先生〜!

Q

包茎って女の子に嫌われるってホント?

A

嫌われるかどうかってこと以前に、包茎がどんなものか知らない女の子の方が多いんじゃないかしら? 包茎だからではなく、女の子に嫌われる要素はもっとべつのところにあるはず。

たとえば、頭を洗ってなくてにおったら、それが嫌いと思う女の子はけっこういるのではないかしら。同じように、ペニスをきちんと洗っていなくて垢《あか》がたまって不潔だったら、パートナーに嫌がられることもあるかもしれません。もしあなたが包茎を気にしているのだとしたら、お風呂に入る時には少しずつペニスの皮をむいて洗って清潔にしておくことの方が大事だと思うわ。

性器を含めて、自分の体を人がどう受け止めるかって気になるところだと思うけど、努力してもどうにもならないことを気にするよりも、外見や中身を磨いて魅《み》力《りょく》的でいようと今できる努力をしている方がずっと素敵よ!

Q

ペニスが小さいと思うんだけど、普通ってどのくらい?

A

大人の男性でも気にする人は気にするみたいだけど、目が細い人・大きい人、鼻が小さい人・大きい人といるように、性器の形・大きさ・色・曲がり具合は人それぞれ。思春期は成長過程でもあるから、立派に成長した人もいれば、まだまだこれからという人もいます。

インターネットや友だち同士で、平均「チン」長の話が出て、不安になったという人もいるかもしれないわね。でも、普段の状態と勃起《ぼっき》した時ではペニスの大きさは変わるし、そもそも大きければいいってものではありません。「ペニスが大きい方がセックスの時女の子を満足させられる」って言われるけど、それは違います。男性が思っているように、女性はペニスの大きさを気にしてはいないものです。膣《ちつ》の入り口がもともと狭い人など、中にはペニスが大きいとセックスが痛くてつらいという人もいるくらい。

性器の大きさで人の魅力は決まらないし、男性はペニスの大きさより、やさしいとか、頼りになるとか、一緒にいて楽しいとか、そっちの方が大事だと思っている女性のほうが圧倒的《あっとうてき》に多いはず。

ちなみに勃起時に4～5㎝あれば、射精して妊娠につながる働き・機能には何の問題もありません。

教えて!? あすか先生〜！

Q

性器の先っぽが黒ずんできたんだけど、これって病気ですか？

A

小さい頃のペニスは全体的にピンク色だけど、中には大人になるにつれて少し黒っぽくなる人もいます。これはメラニン色素という肌の成分によるもので、病気ではないから安心して。

中にはオナニーのしすぎとか、セックスをしてこすれたのが原因？　と悩む人もいるけど、性体験のある／なしにかかわらず、黒くなる人はなるし、たくさんしても変わらないっていう人もいるので気にしなくて大丈夫よ。

Q

通学時や学校での急な勃起《ぼっき》！　どうしたらいい？

A

そんなこともあるわよね。勃起は、見る・聞くという感覚的な刺激《しげき》や、エッチな場面を想像したり、ペニスがこすれる直接的な刺激が脳に伝わって、脊髄《せきずい》にある勃起中枢《ちゅうすう》という神経に指令がいき、反射的に起こることがあります。その指令によってペニスの中にある海綿体《かいめんたい》というスポンジ状の組織に、血液がどんどん流れていって、ペニスが硬《かた》くなって勃起するのです。

条件反射みたいなものだから、自分の意思で止めたり、コントロールすることはむずかしいわ。エッチな刺激がなくても無意識に勃起しちゃうってことも若いうちにはよくあることよ。

射精をすれば勃起はおさまるけど、いつでも射精できる環境というわけではないわよね。しずまるまで待つか、カバンやノートとかがあれば、自然におさまるまでさりげなく股間《こかん》を隠すってことができるかしら。中にはペニスが萎《な》えるネタを想像したり、九九を逆から頭の中で唱《とな》えて気をまぎらわせるたりする人もいるみたい。

ちなみに朝に起こる勃起（朝立ち）は、眠りが浅い時に勃起中枢が働いて起きるもの。目が覚めてしばらくするとおさまります。

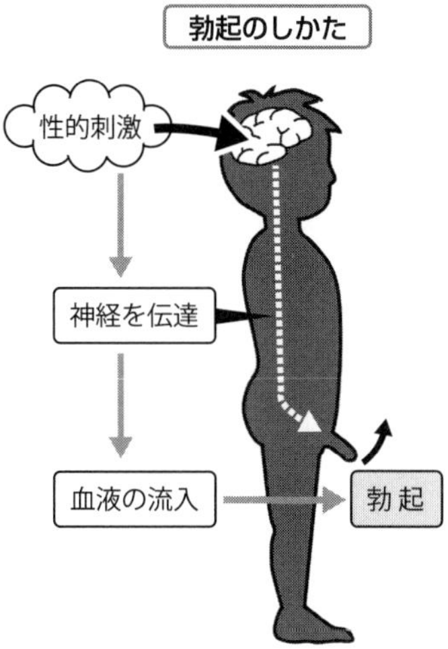
勃起のしかた
性的刺激
神経を伝達
血液の流入
勃起

LESSON 3 マスターベーションって悪いこと？

〈用語解説〉

マスターベーション【masturbation】

自慰《じい》。性交《せいこう》ではなく、自分《じぶん》の手《て》や器具《きぐ》などを用《もち》いて自《みずか》らの性器《せいき》を刺激《しげき》し、性的快感《せいてきかいかん》を得《え》る方法《ほうほう》。

セルフプレジャーと表現《ひょうげん》する人《ひと》もいる。

ゴシゴシゴシ
ケケケ
このへんたい〜!!
みんなに言《い》ったらたぶん変態《へんたい》って思《おも》われる…!
さっしーどうした…
さあ…
ゴシゴシ
さっしーさぁ…
もしかして…
自分《じぶん》でしたことないの?
はいぃぃ!?
あ…マジでか
オレなんて部活《ぶかつ》で相当疲《そうとうつか》れた時以外《ときいがい》は毎日《まいにち》やってるぜ!やりすぎると色々《いろいろ》ヤバいって聞《き》くけど止《と》められない程《ほど》気持《きも》ちいい…
そうそう俺《おれ》は週《しゅう》1とかだけどムラムラして勉強《べんきょう》に集中《しゅうちゅう》できない時《とき》とかはやった後《あと》スッキリするしね
ん…?
ドヤヤヤ
ドヤヤヤ
たまに終《お》わった後《あと》何《なに》やってんだろオレ、って我《われ》にかえるけどな!
ドヤヤヤーン
ドヤヤーン
ああそれって賢者《けんじゃ》タイムっていうらしいよ

さっしーもやってみればわかるよこの気持《きも》ちよさが!
大人《おとな》への階段《かいだん》のぼっちゃおうぜ!
ガッ
お…おう…
わははー
なんだか2人《ふたり》ともかんちがいしてるみたいだけど…
よかった…
ほっ
みんなやってるんだ…オレだけじゃなかったんだ!
ただいまー
それじゃ早速《さっそく》噂《うわさ》のゆいぴょんPVを…と
…これかあ
うわホントにエロい
うほおお
ムラムラしてきた…
一発《いっぱつ》ヌいとくか…
そういえばケンが
やりすぎると色々《いろいろ》ヤバい〜…
あんなコト言《い》ってたけど…
やりすぎて頭悪《あたまわる》くなっちゃったり、体《からだ》に悪《わる》いとかってあるんじゃないか…?
ガビ!
それはヤバい!カッコ悪《わる》いよやりすぎで体壊《からだこわ》すとか!
なおき〜お菓子《かし》もってきたわよ〜
ギャース!!
え!?母《かあ》ちゃん!?ちょっと待《ま》今《いま》はちょっ

なーんてね!!
まんまと
ひっかかったわね
さっしー!
今日《きょう》の
お悩《なや》みは
何《なに》かしら!
…っだあぁぁ!!
母《かあ》ちゃんかと
思《おも》った!!
まじビビった
じゃないですか
母《かあ》ちゃんの声《こえ》マネ
なんてひどいよ
あら
ゆいぴょんのPV
じゃない。巷《ちまた》で
エロいとウワサの
アレね～
だらだら
どうやらさっしーは
マスターベーションの
ことで悩《なや》んでいる
ようだけど…
ギク
マスターベーションは
自分《じぶん》の性欲《せいよく》を
自分《じぶん》で解消《かいしょう》する
1つの方法《ほうほう》なの
エッチなことをしたいと
思《おも》うのは自然《しぜん》な感情《かんじょう》
だけど、相手《あいて》がいない
って場合《ばあい》もあるし…
相手《あいて》がしたくないのに
エッチなことをムリヤリ
するのはもちろん
犯罪《はんざい》となるわ
ダメ
ゼッタイ
痴漢《ちかん》なんて
もっての他《ほか》よ!

あと、さっきのさっしーみたいにゆいぴょんのPV見《み》てたらムラムラして何《なに》も手《て》がつかない時《とき》ってあるでしょ
ギク
ピシ
そういうふうに衝動《しょうどう》を抑《おさ》えられない時《とき》はマスターベーションをして心《こころ》を落《お》ち着かせていいのよ！
18歳《さい》の男《おとこ》の子《こ》のほとんど、女《おんな》の子《こ》も半数《はんすう》くらいが経験《けいけん》しているの
特《とく》にいやらしい人《ひと》がすることとか、悪《わる》いことなんて考《かんが》える必要《ひつよう》はなくて、普通《ふつう》のことなのよ
男女共《だんじょとも》に自分《じぶん》の体《からだ》を愛《あい》して快感《かいかん》を味《あじ》わい
性的《せいてき》な欲求《よっきゅう》を満《み》たしてホッとすることは健康《けんこう》で自然《しぜん》なことなのよ
だからたくさんしてもまったく体《からだ》に悪《わる》いってことはないわ！
ぱぁあ
えっマジで⁉
もちろん頭《あたま》が悪《わる》くなるってこともないから安心《あんしん》して！
ぱあああ
えっマジで⁉
へえ〜…じゃあ何回《なんかい》してもいいんだ…
ぐふふ
ピシッ
ただし！気《き》をつけるポイントがあるの！
3つあるからちゃんと聞《き》くのよ
いてて
な…何《なん》ですか

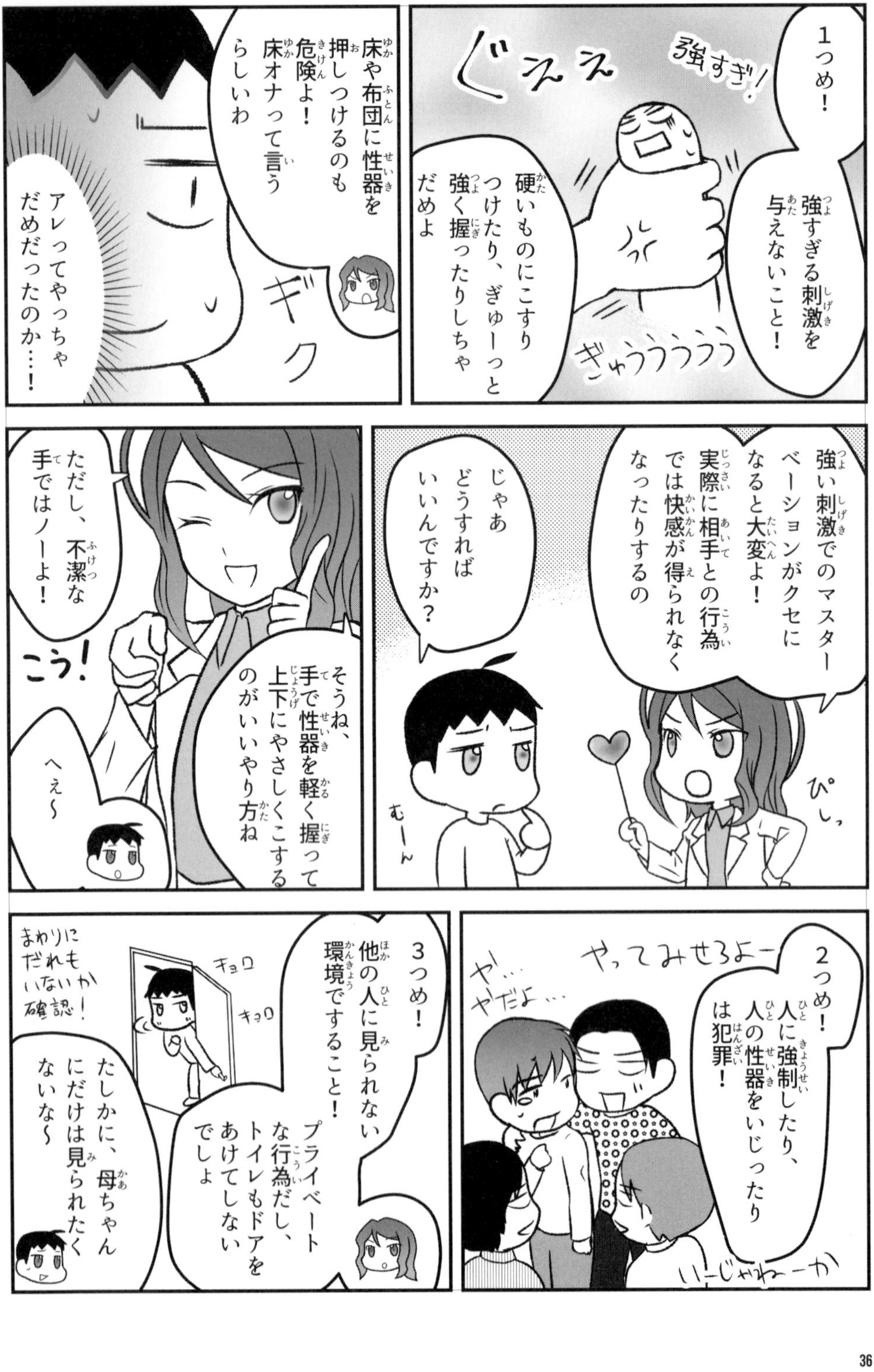
1つめ！
強《つよ》すぎる刺激《しげき》を与《あた》えないこと！
強すぎ!
じええ
硬《かた》いものにこすりつけたり、ぎゅーっと強《つよ》く握《にぎ》ったりしちゃだめよ
ぎゅううううううう
床《ゆか》や布団《ふとん》に性器《せいき》を押《お》しつけるのも危険《きけん》よ！床《ゆか》オナって言《い》うらしいわ
ギク
アレってやっちゃだめだったのか…！
強《つよ》い刺激《しげき》でのマスターベーションがクセになると大変《たいへん》よ！実際《じっさい》に相手《あいて》との行為《こうい》では快感《かいかん》が得《え》られなくなったりするの
ぴしっ
じゃあどうすればいいんですか？
むーん
そうね、手《て》で性器《せいき》を軽《かる》く握《にぎ》って上下《じょうげ》にやさしくこするのがいいやり方《かた》ね
ただし、不潔《ふけつ》な手《て》ではノーよ！
こう!
へぇ〜
2つめ！
人《ひと》に強制《きょうせい》したり、人《ひと》の性器《せいき》をいじったりは犯罪《はんざい》！
やってみせろよー
や…やだよ…
いーじゃねーか
3つめ！
他《ほか》の人《ひと》に見《み》られない環境《かんきょう》ですること！
まわりにだれもいないか確認！
キョロ
キョロ
プライベートな行為《こうい》だし、トイレもドアをあけてしないでしょ
たしかに、母《かあ》ちゃんにだけは見《み》られたくないな〜

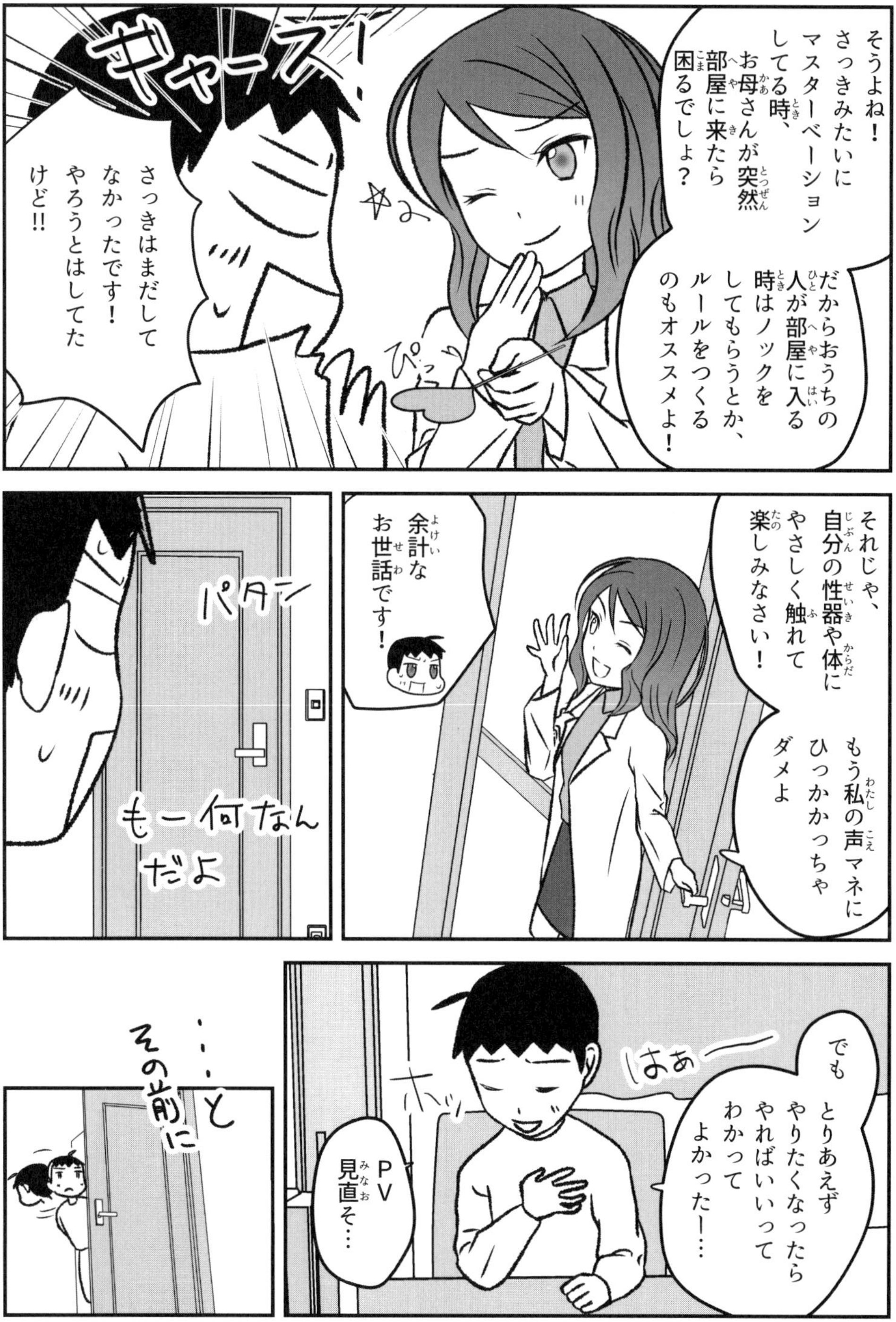

TO BE CONTINUED...

教えて!? あすか先生〜!

Q 精液って何でできているの？ マスターベーション後の精液のにおいが気になるんだけど……。

A 白くてネバネバした精液は、精巣《せいそう》でつくられる精子という赤ちゃんのもととなる細胞と、精しょうという分泌液《ぶんぴつえき》が混じり合ってできています。精しょうの中には、精子が運動できるための栄養が含まれていて、その栄養分で白い色になります。1回の射精で、2〜3㎖くらいの精液が放出されますが、この中には2〜3億もの精子が含まれています。

精液がなぜネバネバしているのかというと、女性の酸性の膣《ちつ》内の環境で、少しでも多く精子が生き残って受精できるようにするためなの。つまり精子のボディガードとしての役割を果たしているからよ。

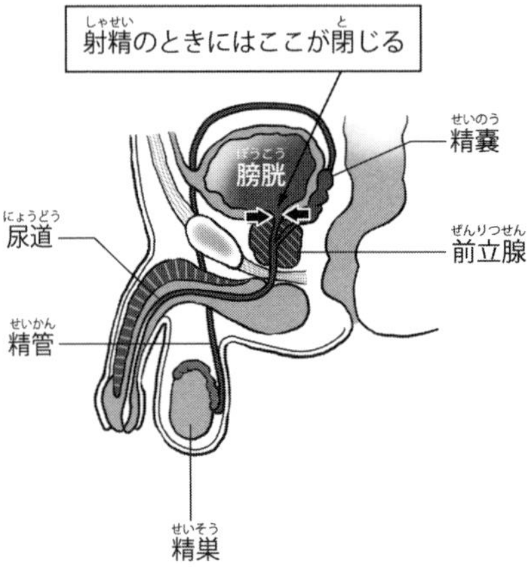
射精《しゃせい》のときにはここが閉《と》じる
精嚢《せいのう》
膀胱《ぼうこう》
尿道《にょうどう》
前立腺《ぜんりつせん》
精管《せいかん》
精巣《せいそう》

射精後、女性の子宮の中で、3日から長いもので1週間くらい生きている精子もいます。尿と同じところから出るから汚いって感じるかもしれないけど、そもそも尿自体も汚いものではないし、尿が出てくる尿道は、射精の時には弁が閉じるようになっているので精液と混ざることはありません。マスターベーションの後、部屋の中の精液のにおいが気になるのならこんな方法はどうかしら?
・射精の際に精液をふき取ったティッシュはビニール袋に入れ密封する
・水に流せるティッシュなどで精液をふき取り、使用後はトイレに流す
・部屋用の消臭スプレーを使う、または部屋の換気をする

Q

マスターベーションをして気持ちいいと思ってしまう自分が嫌なんだけど……。

A

男性は射精した後、すっと性欲がさめることがあります。そして「あ〜オレは今まで何をやっていたんだろう……」と急にむなしく思えてしまうこともあるそうよ(〝賢者タイム〟とも呼ばれてる)。中には、エッチな想像をしたり気持ちいいと感じたりする自分に対して、罪悪感や嫌悪《けんお》感をもつ人もいるけど、射精は、不潔でいやらしいことではありません。たしかに、他の人へのマナーやエチケットとして人前で性器に触れるのはノーだけど、プライベートなところで自分の体や性器を触るのは本人の自由よね。そんなふうに考えてみたらどうかしら?

それに、もし性的な行為に快感がなかったら、子孫を残していくことはむずかしくなるでしょう。マスターベーションは「セルフプレジャー」ともいい、射精で得られる快感は、生物の生存戦略上のご褒美《ほうび》と考える説もあります。また、長い人生

の中でパートナーがいつもいるわけではないし、パートナーを持たない生き方もあります。快感を知って自分で欲求を満たしてあげられるようになれば、自分の性欲にふり回されずにすみます。
大人への一歩としてマスターベーションを前向きにとらえてみてね。

教えて!? あすか先生〜!

Q マスターベーションをずっとしないとどうなるの？

A
精子は1日につき数千万程度つくられているといわれています。射精をしないと、毎日つくられている精子が体のどこかにたまり続けて、いつかパンクしちゃうかしら？　大丈夫、安心して。精子は射精されるまでどこかにずっとたまり続けているわけではないわ。古くなった射精待機中の精子は、体の中で分解・吸収されるの。そして、新しい精子は休みなくつくられます。
極端に言えば、たとえば半年の間ずっとマスターベーションをしなかったとしても、体に悪いということはないのよ。だから、したいと思わない時に無理にする必要はなくて、自分がしたいと思った時にしたらいいわ。
また、「夢精」といって、寝ているあいだに射精することもあるわ。それで目が覚めたり、朝起きて下着が濡れていて驚くかもしれないけど、病気ではないので安心して。精液のついた下着は、まず水で洗ってそれから洗濯すれば問題ないわ。

LESSON 4 知っているようで知らない女の子の体

キョロ キョロ
あれ…
萌《もえ》ちゃんどこにもいないな
あ
どうしたんだろ見学《けんがく》してる
おーい萌《もえ》ちゃん
今日《きょう》は見学《けんがく》か？
うん…
…さっしー
残念《ざんねん》だったなー
なんかいつもの萌《もえ》ちゃんじゃない感《かん》じがする
全然《ぜんぜん》元気《げんき》ないな…
昨日《きのう》はあんなに水泳《すいえい》楽《たの》しみにしてたのに
どうしちゃったのかなー
男子更衣室
多分《たぶん》さ あれは生理《せいり》じゃね？

生理《せいり》…？
プール見学《けんがく》だったしさ、萌《もえ》は生理《せいり》なんじゃないかな
それってアソコから血《ち》が出《で》るやつだろ？
腹《はら》が痛《いた》くなる時《とき》もあるらしいぜ
ああ、2日目《ふつかめ》は腰《こし》が重《おも》いのーってヤツだろ？
生理《せいり》…？
そういえば小学校《しょうがっこう》の時《とき》保健《ほけん》でやったっけ…
よくわかんないけど
どーなのかな…
2－3
…であるから
Xに3を代入《だいにゅう》するんだ
ココはテストに出《で》るぞ〜
…先生《せんせい》
す…
おっどうした
体調《たいちょう》が悪《わる》いので保健室《ほけんしつ》に行《い》っていいですか
大丈夫《だいじょうぶ》か？確《たし》かに顔色《かおいろ》悪《わる》いな
指原《さしはら》、保健委員《ほけんいいん》だよな、つき添《そ》ってやってくれ
あ、はい

えーと
大丈夫《だいじょうぶ》か？
水泳《すいえい》の時《とき》も調子《ちょうし》悪《わる》そうだったしな…
ううん…ちょっと貧血《ひんけつ》っぽくて
多分《たぶん》一時的《いちじてき》なものだから大丈夫《だいじょうぶ》
そ…そっか
やっぱり…
じゃ…ついたから
おう、お大事《だいじ》にな
ありがと
これは生理《せいり》ってやつか？
うーん…
生理中《せいりちゅう》の女子《じょし》には
どう接《せっ》したらいいのかな
大変《たいへん》っぽいって聞《き》くっちゃ聞《き》くけど…
さっしーたら、お年頃《としごろ》かしら

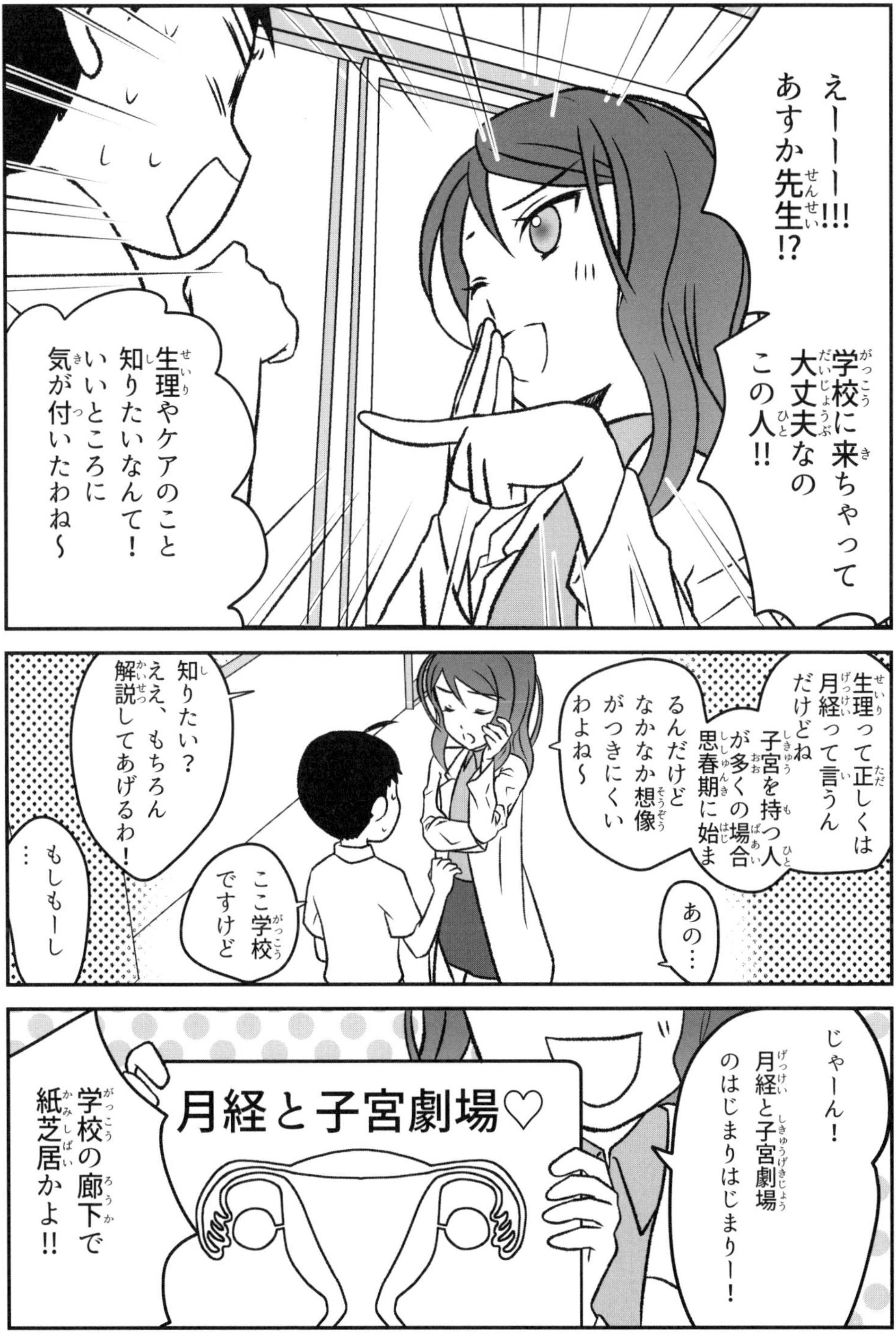
えーーー!!!
あすか先生《せんせい》!?
学校《がっこう》に来《き》ちゃって
大丈夫《だいじょうぶ》なの
この人《ひと》!!
生理《せいり》やケアのこと
知《し》りたいなんて!
いいところに
気《き》が付《つ》いたわね〜
生理《せいり》って正《ただ》しくは
月経《げっけい》って言《い》うん
だけどね
子宮《しきゅう》を持《も》つ人《ひと》
が多《おお》くの場合《ばあい》
思春期《ししゅんき》に始《はじ》ま
るんだけど
なかなか想像《そうぞう》
がつきにくい
わよね〜
あの…
ここ学校《がっこう》
ですけど
知《し》りたい?
ええ、もちろん
解説《かいせつ》してあげるわ!
…もしもーし
じゃーん!
月経《げっけい》と子宮劇場《しきゅうげきじょう》
のはじまりはじまりーー!
月経と子宮劇場♡
学校《がっこう》の廊下《ろうか》で
紙芝居《かみしばい》かよ!!

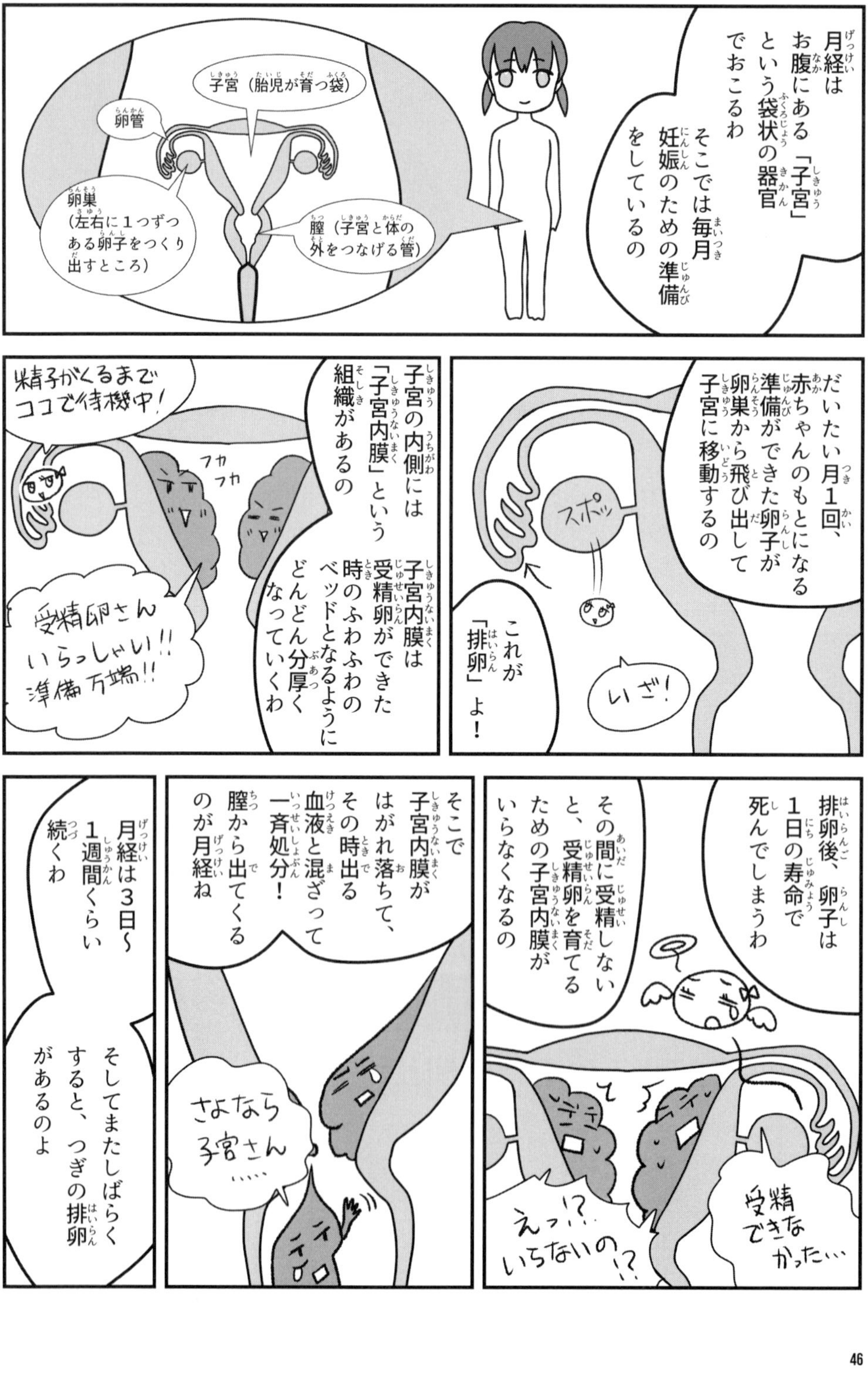
月経《げっけい》は お腹《なか》にある「子宮《しきゅう》」という袋状《ふくろじょう》の器官《きかん》でおこるわ
そこでは毎月《まいつき》妊娠《にんしん》のための準備《じゅんび》をしているの
子宮《しきゅう》（胎児《たいじ》が育《そだ》つ袋《ふくろ》）
卵管《らんかん》
卵巣《らんそう》（左右《さゆう》に1つずつある卵子《らんし》をつくり出《だ》すところ）
膣《ちつ》（子宮《しきゅう》と体《からだ》の外《そと》をつなげる管《くだ》）
だいたい月《つき》1回《かい》、赤《あか》ちゃんのもとになる準備《じゅんび》ができた卵子《らんし》が卵巣《らんそう》から飛《と》び出《だ》して子宮《しきゅう》に移動《いどう》するの
スポッ
これが「排卵《はいらん》」よ！
いざ！
子宮《しきゅう》の内側《うちがわ》には「子宮内膜《しきゅうないまく》」という組織《そしき》があるの
子宮内膜《しきゅうないまく》は受精卵《じゅせいらん》ができた時《とき》のふわふわのベッドとなるようにどんどん分厚《ぶあつ》くなっていくわ
フカフカ
精子がくるまでココで待機中！
受精卵さんいらっしゃい!! 準備万端!!
排卵後《はいらんご》、卵子《らんし》は1日《にち》の寿命《じゅみょう》で死《し》んでしまうわ
その間《あいだ》に受精《じゅせい》しないと、受精卵《じゅせいらん》を育《そだ》てるための子宮内膜《しきゅうないまく》がいらなくなるの
受精できなかった…
えっ!? いらないの!?
そこで子宮内膜《しきゅうないまく》がはがれ落《お》ちて、その時《とき》出《で》る血液《けつえき》と混《ま》ざって一斉処分《いっせいしょぶん》！
膣《ちつ》から出《で》てくるのが月経《げっけい》ね
さよなら子宮さん……
月経《げっけい》は3日〜1週間《しゅうかん》くらい続《つづ》くわ
そしてまたしばらくすると、つぎの排卵《はいらん》があるのよ

月経《げっけい》の時《とき》は
ナプキンや
タンポンという
生理用品《せいりようひん》を
使用《しよう》するの
ナプキン
タンポン
経血《けいけつ》（月経《げっけい》の血《ち》）が下着《したぎ》や衣服《いふく》につかないようにするのよ
月経《げっけい》の時《とき》は子宮《しきゅう》が経血《けいけつ》を出《だ》そうときゅーっと収縮《しゅうしゅく》するの
キュウウ
それによってお腹《なか》が痛《いた》くなったり、頭《あたま》が痛《いた》くなったりするのよね
痛《いた》みには個人差《こじんさ》があるわ 中《なか》には起《お》き上《あ》がれないくらい痛《いた》くなったり学校《がっこう》を休《やす》む子《こ》もいるの
うわ〜かわいそう
そこで！月経《げっけい》の時《とき》の気持《きも》ちを聞《き》いてみました！
また突然…
どうぞ！
私《わたし》はほとんどないかな
へ〜
吐《は》き気《け》とか貧血《ひんけつ》がひどくて…
うわ〜
油断《ゆだん》してちょっとでも歩《ある》くと子宮《しきゅう》がちぎれるような痛《いた》みが…
マジ!?
腹《はら》を槍《やり》で中《なか》から突《つ》き上《あ》げられてる感《かん》じ…
ヒィィ

そ…想像《そうぞう》するだけでお腹《なか》がすげー痛《いた》いんですけど…
ぐぬぬ
ぬぬぬ
そうなのよ毎月《まいつき》こうなるのは大変《たいへん》ね
でもほとんど痛《いた》くないって子《こ》もいるでしょ？月経痛《げっけいつう》の程度《ていど》は人《ひと》それぞれなの
月経痛《げっけいつう》がひどい時《とき》って休《やす》むしかないの？
ぐぐ
オレ、こんなの絶対《ぜったい》たえられない…
そうね…痛《いた》み止《ど》めのお薬《くすり》を飲《の》んだり…
体《からだ》を温《あたた》めたり…
カイロ
軽《かる》い運動《うんどう》をしたり…
ぬるめのお風呂《ふろ》にゆっくり浸《つ》かったり
リラックスすると楽《らく》になることもあるわね
それでもよくならないって子《こ》は子宮《しきゅう》の病気《びょうき》の可能性《かのうせい》もあるわ
産婦人科
お医者《いしゃ》さんに診《み》てもらうのがオススメよ
月経《げっけい》が3カ月以上《かげついじょう》こなかったり、逆《ぎゃく》に貧血《ひんけつ》になるほど続《つづ》く時《とき》も病院《びょういん》を受診《じゅしん》した方《ほう》がいいわね！
そして…
月経《げっけい》のお悩《なや》みはこれだけじゃないの…
まだあるの⁉

PMS《ピーエムエス》
Premenstrual Syndrome
月経前症候群《げっけいぜんしょうこうぐん》
PMSって言《い》ってね、月経《げっけい》が来《く》る1週間《しゅうかん》くらい前《まえ》から、ホルモンの影響《えいきょう》で心《こころ》や体《からだ》に不調《ふちょう》が出《で》る子《こ》もいるの
これも個人差《こじんさ》があるんだけど、月経前《げっけいまえ》はイライラしたり
悲《かな》しくなりやすくなったりするわ
PMSもお医者《いしゃ》さんに相談《そうだん》できるわよ
そっかあ…今《いま》まで気づかなかったけど
月経《げっけい》は大変《たいへん》なんだな…
そうね
トラブルで悩《なや》む子《こ》もいるけど、月経《げっけい》は健康《けんこう》のバロメーターにもなるのよ
妊娠《にんしん》にかかわる大事《だいじ》なしくみだしね
私《わたし》は体調《たいちょう》管理《かんり》の目安《めやす》として、月経《げっけい》とうまくつき合《あ》っているわ
そういうつき合《あ》い方《かた》もあるんだ…

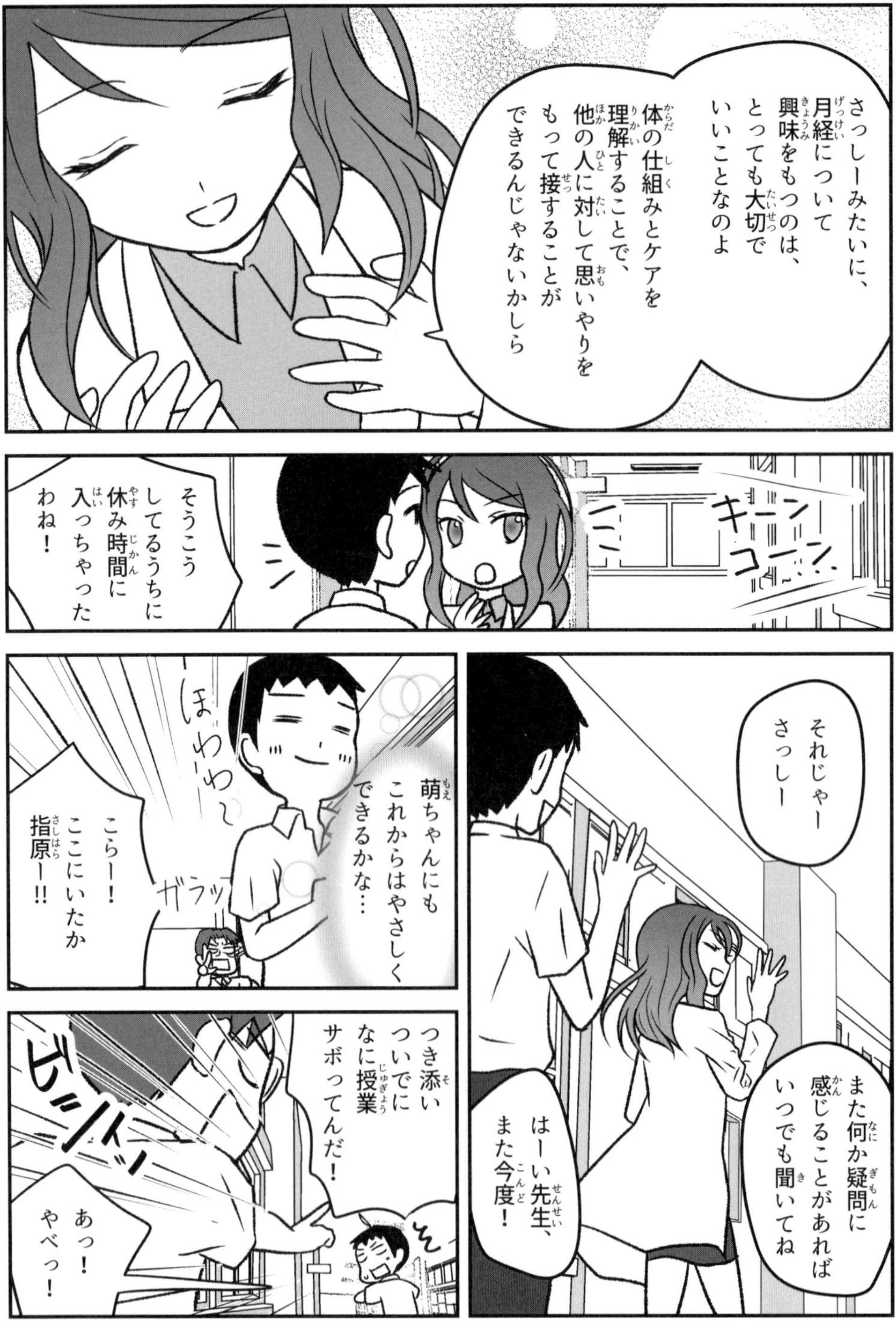

TO BE CONTINUED...

教えて!? あすか先生〜!

Q

子宮をもつ人の性器ってどうなってるの?

A

性器には体の中にある内性器《ないせいき》と、体の外から見ることができる外性器《がいせいき》があるわ。子宮をもつ人の内性器については46ページを見てね。

子宮をもつ人の外性器について解説するわね。子宮をもつ人の外性器は自分から見ようとしないと見ることができない位置にあります。大陰唇《だいいんしん》・小陰唇《しょういんしん》というひだが、大事な器官であるクリトリスや内性器を保護しています。個人差はあるけど、思春期になると大陰唇に毛が生えたり、小陰唇の色が黒ずんで大きくなってきます。クリトリスは男性のペニスにあたる小さな突起で、とても敏感《びんかん》な部分。やさしく触れると気持ちがよくなるところよ。

性別にかかわらず外性器の色やかたちは人それぞれ。左右対称じゃない人もいます。体のしくみや働きをきちんと知ることは、自分・他者を大切にすることにつながるわ

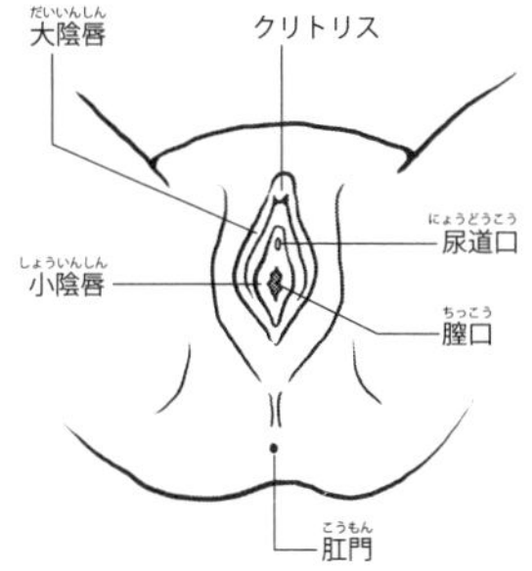

Q

ナプキンとかタンポンってどういうもの?

教えて!? あすか先生〜!

A

どちらも月経の時に使う生理用品のことです（47ページの写真を見てね）。ナプキンは、月経血《げっけいけつ》を下着につけないために使う紙や布でできた月経血を吸収するシート。直接ショーツにあてて使います。月経血の量は月経がきてからの日数や、個人差でも変わるから、それぞれに応じて複数の種類を使い分けます。いろんなデザインや素材のものがあって、女の子は自分の体にあったものを選んでいるわね。

タンポンは小さな円筒状の脱脂綿《だっしめん》でできている生理用品で、膣内に入れて使います。激しい運動をする時やプールや海に入る時に使われます。ちなみにタンポンを使うと「処女膜《しょじょまく》がやぶれちゃうのでは？」と心配する人もいるけど、処女膜とは膜ではなく、膣口にある粘膜《ねんまく》のヒダのこと。タンポンを入れてもヒダを傷つけたり、膣を大きく広げたりする心配はありません。

Q

月経の時にどのくらい血が出るの？ 貧血になったりしないの？

A

月経の時に出る血液のことを、月経血といいます。個人差がありますが、正常な月経の目安は1回で50～180mlの経血量で、期間としては3～7日間程度とされています（日本家族計画協会HPより）。月経血は、子宮の内側で1cm程の厚みとなった子宮内膜の表面部分が溶けてはがれ落ちる時に出るもので、普通の血液とは成分が異なります。血液の量は全体の半分くらいで、もう半分はとろっとした子宮内膜

のはがれた組織や分泌液が混じっています。

でも月経の時に貧血になる子もいます。貧血というのは、体の中の鉄分という栄養素が少なくなることで起こります。10 mlの出血につき5㎎の鉄分が体内から失われているのに対して、1日の食事から吸収される鉄分量は、一般的にはわずか1～1.5㎎。だから、貧血になりやすい女性は食事で鉄分を補ったり、月経血の量が多い場合は医師による治療が必要です。

Q

女の子は月経の間はお風呂に入れないの？

A

月経中だからってお風呂に入れないことはありません。むしろ、ぬるめの温度のお風呂に入ることでゆっくりと体が温まって血のめぐりがよくなるし、リラックスできるから、月経痛や頭痛などの月経によるトラブルを和らげるためにはよいことです。

ただ、他の人も一緒に入る銭湯や温泉、プールなどの利用は控えたり、どうしてもという時はタンポンを使ったり、シャワーだけで軽くすませるというのが一般的なマナーです。

LESSON 5 人を好きになるってどういうこと?

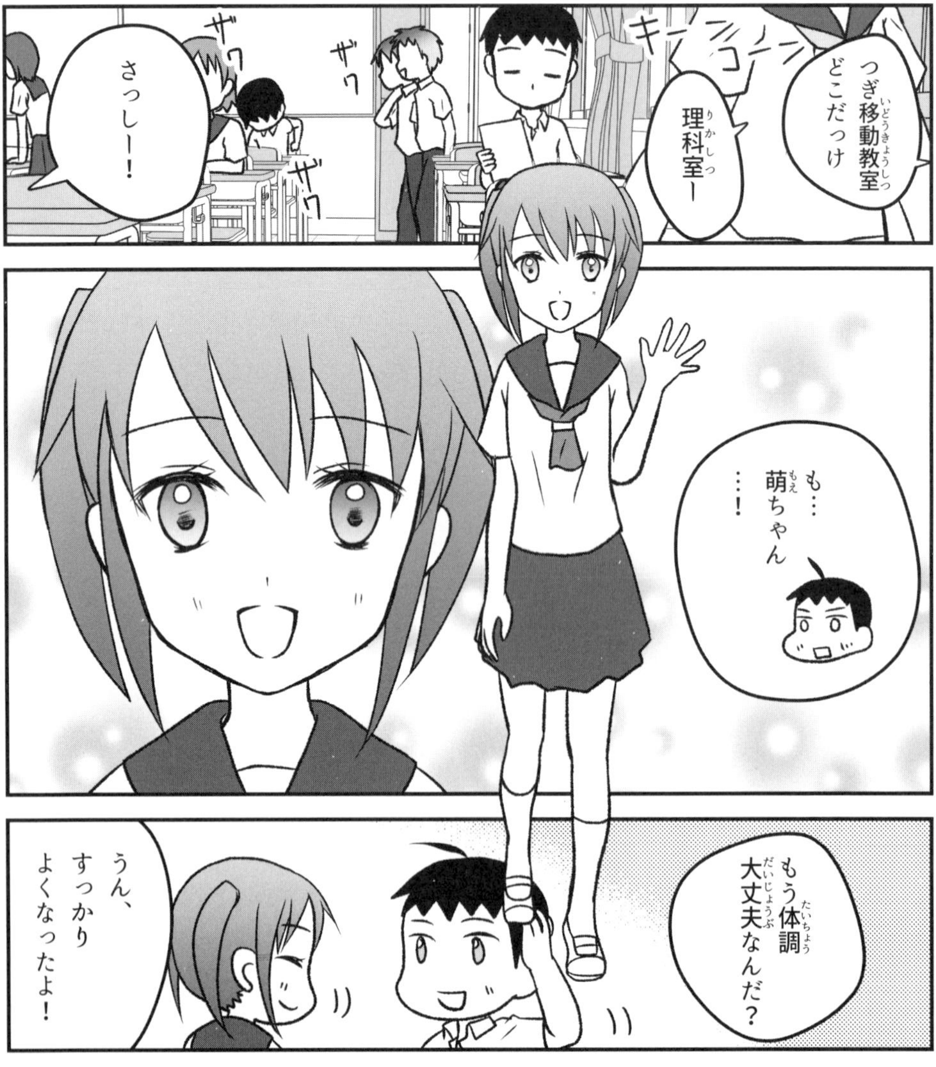

この前《まえ》は、保健室《ほけんしつ》まで送《おく》ってくれてありがとね！
にこっ
ドキーーー
お
おう
それだけ！じゃあね！
あ
うん
またな
も…
萌《もえ》ちゃん…
最近《さいきん》、萌《もえ》ちゃんのことが気《き》になる…

この前《まえ》、エッチな夢《ゆめ》で萌《もえ》ちゃんが出《で》てきたせいかな…?
ほわわ
やっぱり触《ふ》れてみたいってことはオレは萌《もえ》ちゃんのことが好《す》きってことか?
向《む》こうはオレのこと好《す》きじゃないだろうけど…
でも他《ほか》の男子《だんし》と話《はな》しているのを見《み》るとちょっとイライラするし…
むーん
気《き》になって勉強《べんきょう》に身《み》が入《はい》らない時《とき》もあるし…!
ブンブン
さっしー、さっきから何複雑《なにふくざつ》な顔《かお》してんの?
うわあああ
さぁ…
あ さっしー もしかして萌《もえ》ちゃんのこと気《き》になってんの?
ギクゥ!!
まじか
そ、そそそ そんなんじゃ ねーよ!!
シュバッ
へぇ~

あやしーなぁ
忘《わす》れ物《もの》…
しどろもどろ
ふ、ふざけんなよ!
ガラ
つうか萌《もえ》ちゃん、足太《あしふと》いし!
も…萌《もえ》ちゃん!?
オレのタイプは…
…って…
ガガーーン
!!!
ふい
い…今《いま》の聞《き》かれた!?
あ〜あ…
なんであんなこと言《い》っちゃったんだろ…
へんなり

じー
萌《もえ》ちゃんのエロい夢《ゆめ》まで見《み》ちゃうし…
やっぱオレって変態《へんたい》なのかなあ…
…って何《なん》だろあの変質者《へんしつしゃ》みたいな人《ひと》
ズン ズン
!?
こっち来《く》る!?
な、なな何《なん》で!!
ポイ
ポイ
近寄《ちかよ》るな!!
気《き》になる子《こ》のエッチな夢《ゆめ》をみる?
そう!それは…
恋《こい》かもね!!
あすか先生《せんせい》!登場《とうじょう》の仕方《しかた》が変質者《へんしつしゃ》!!
恋
LOVE
バーー

びっくりして腰抜《こしぬ》けちゃったよ！
あらそれはごめんなさいね
お詫《わ》びに恋《こい》にお悩《なや》みのさっしーに、今回《こんかい》は恋愛《れんあい》についてレクチャーしていくわ！
たど たど
え…こ…恋《こい》とかってまだオレそんなんじゃ…
ほんと、恋《こい》なんてそんなオレには
たど たど
恋愛《れんあい》をする・しないは自由《じゆう》だし愛《あい》にもいろんな種類《しゅるい》があるけど
好《す》きな人《ひと》と一緒《いっしょ》にいるとうれしかったり、楽《たの》しかったり、精神的《せいしんてき》に安《やす》らぐものよ
びっ
あすか先生《せんせい》たまにはオレの話《はなし》聞《き》いて…
好《す》きな人《ひと》といると、胸《むね》がドキドキしたり、ボーっとしたり、心《こころ》がほんわかあったまるように感《かん》じることもあるわ
これは脳《のう》から分泌《ぶんぴつ》されるホルモンの影響《えいきょう》だけどね！
ほんわか
ドキドキ
クルッ
ビクッ
思春期《ししゅんき》は、人《ひと》によってだけど特定《とくてい》の人《ひと》と親《した》しくなりたいって思《おも》いが高《たか》まる時期《じき》よ
ただ、一般的《いっぱんてき》に性的《せいてき》な関心《かんしん》については男《おとこ》の子《こ》の方《ほう》が女《おんな》の子《こ》よりも強《つよ》いことが多《おお》いわ
確《たし》かに、男子《だんし》の方《ほう》が強《つよ》い気《き》がするな…

ただ、恋愛《れんあい》はいい面《めん》ばかりではないわ
必《かなら》ずしも自分《じぶん》の好意《こうい》が相手《あいて》に受《う》け入《い》れられるわけではないし
プイ
ガガーン
連絡こない…
相手《あいて》と一緒《いっしょ》にいたいと思《おも》う一方《いっぽう》で、一緒《いっしょ》にいられないことでつらくなったり
何《なに》も手《て》がつかなくなったり、相手《あいて》のことを独《ひと》り占《じ》めしたいって思《おも》うこともあるわ
ガー！
全然集中できない
たとえ好《す》きな人《ひと》同士《どうし》でも、相手《あいて》の心《こころ》の準備《じゅんび》ができていない状況《じょうきょう》で相手《あいて》の体《からだ》に触《ふ》れたり
束縛《そくばく》しすぎたりすると、逆《ぎゃく》に相手《あいて》を傷《きず》つけることになってしまうのよ
こいつはオレのだ
また、つき合《あ》う＝相手《あいて》の所有物《しょゆうぶつ》になるってことじゃないからね
恋人《こいびと》≠所有物《しょゆうぶつ》
何で私のいうこときいてくれないの!?
そんな…
よくこういうの聞《き》くけどやっぱよくないよなー…

そういう自分本位《じぶんほんい》な気持《きも》ちをコントロールするのも、大人《おとな》への一歩《いっぽ》かしら
そっかー…恋愛《れんあい》は自分《じぶん》の欲求《よっきゅう》だけじゃなくて、相手《あいて》の気持《きも》ちもちゃんと考《かんが》えなきゃいけないんだな
けどオレはモテないし、関係《かんけい》ない話《はなし》かな…背《せ》も低《ひく》いし、面白《おもしろ》いこと言《い》えないし、顔《かお》もかっこいいわけじゃないし…
しょぼーん
何言《なにい》ってんの！
やさしさ
アンケート調査《ちょうさ》では、恋人《こいびと》に求《もと》めるものは男女《だんじょ》ともに「やさしさ」がトップになることが多《おお》いのよ＊
…でもさ…そんなこと言《い》って、イケメンはやっぱりモテるじゃん
外見《がいけん》は重要《じゅうよう》だよ…
すん すん
…
確《たし》かに外見《がいけん》が恋愛《れんあい》のきっかけになることが多《おお》いかもしれないわ
やっぱり〜
ぐぬぬ
けど、あくまできっかけに過《す》ぎないの
恋愛関係《れんあいかんけい》を長続《ながつづ》きさせるには、相手《あいて》を思《おも》いやる気持《きも》ちや、自分《じぶん》の中身《なかみ》を磨《みが》いていくことがとても大事《だいじ》よ
とん

＊マクロミル「結婚と恋愛に関する調査」（2011）による

これを言《い》ったらあの人《ひと》はどう思《おも》うかな…
こう言《い》ってもらえると助《たす》かるよ
恋愛《れんあい》はそうやって、相手《あいて》の気持《きも》ちを想像《そうぞう》したり、自分《じぶん》も相手《あいて》も大切《たいせつ》にするってどういうことかを経験《けいけん》していくものよ
相手《あいて》のいいところや、こうされたらうれしい、悲《かな》しい、一緒《いっしょ》にこうしたいっていうのを、お互《たが》い言葉《ことば》で伝《つた》えていくのも大事《だいじ》ね
そっかー！なんかオレもいい恋愛《れんあい》ができそうな気《き》がしてきた！
うおおおおお
ただ恋愛《れんあい》しようってあせる必要《ひつよう》はないわ
ポンポン
はじめは失敗《しっぱい》するかもしれないけど、恋愛《れんあい》を通《つう》じて人《ひと》は成長《せいちょう》していくもの
だれかを愛《あい》すること、愛《あい》されることは人生《じんせい》を豊《ゆた》かにし、自分《じぶん》や大切《たいせつ》な人《ひと》を幸《しあわ》せにすることにつながっているんじゃないかしら

そのためには、まずは友《とも》だちとお互《たが》いを思《おも》いやりながら楽《たの》しい時間《じかん》を共有《きょうゆう》できる関係性《かんけいせい》をつくっていけること
それが素敵《すてき》な恋愛《れんあい》への第一歩《だいいっぽ》だと思《おも》うわ
そっか…あすか先生《せんせい》ありがとう
それじゃさっしーのこれからの恋《こい》を応援《おうえん》しているわ
また会《あ》いましょ
そっか…この気持《きも》ちが恋《こい》なのかはまだわからないけどとりあえず萌《もえ》ちゃんに嫌《いや》なこと言《い》っちゃったのは今度《こんど》あやまろう…
ぐっ
その頃《ころ》萌《もえ》ちゃんは…
さっしー、私《わたし》のこと「しぶとい」って言《い》ってたけど…
体調悪《たいちょうわる》かったのにすぐに元気《げんき》になったからってことかなあ…？
足太《あしふと》い→しぶといに聞《き》き間違《まちが》えていた
さっしーには好都合《こうつごう》の天然《てんねん》っぷりを炸裂《さくれつ》させていた
TO BE CONTINUED...

教えて!? あすか先生〜!

Q

どうしたらモテますか？ 彼女がほしいです。

A

「恋愛をしたい」「愛されたい」というあなたの気持ちはよくわかるわ！ 自分の魅力を磨きたいというのも素敵な気持ちです。けれど、「彼女がいる＝幸せ」ではないし「彼女がいない＝不幸」でもないわ。彼女がいてもいなくても、関心がなくても、片思いでもあなたはあなた。

たしかに恋愛は人生を豊かにする側面もあるけど、恋愛は絶対しなくてはいけないものではないわ。むしろ、寂しくていつもだれかとつながっていたい、恋愛をしていないと不安、自分の価値が感じられないという人は、恋愛で相手の言いなりになってしまったり、相手を自分の思い通りにしたいという気持ちが強く働きがちです。そうなると、周囲の人間関係から孤立したり、自分や相手を傷つける危うい関係になってしまうことも。お互いが「恋人がいなくても、1人でも大丈夫」と思える人同士の方が対等でよい関係が築いていけると思うわ。「だれかに愛される自分」をつくろうとするより、あなたはあなたらしく、あなたが大切にしたいと思う人が自然とできるまで待ってみてはどう？

Q

相手が自分に好意をもってくれているサインってあるの? 気になる子がいるけど、友だちとして「好き」なのか、恋愛対象として「好き」なのか相手の気持ちがよくわからなくて……。

A

好意をもっているサインとして、たとえば、自然とよく目が合う、楽しそうに会話に応じてくれる、グループや2人で一緒に会う誘いをしてくれる、こちらからの誘いを断らない、などがあるかしら。ただ、その行動が友情としての好意なのか、愛情としての好意なのかを見分けるのはむずかしいところね。中には、あなたに好意があっても恥ずかしくてうまく意思表示できない子もいるでしょう。

友情と愛情の違いで一般的によくいわれるのが、相手がいないと寂しい、つらいと感じたり、相手が他のだれかと親しくしていると嫉妬《しっと》を感じたり、一緒にいると安心したり、時には胸がドキドキ高鳴るような感覚があるなどです。ただし、恋人同士でも友情はあるし、恋愛感情をもつ同士でも友だちのままのこともあるし、実際にはその違いはハッキリ分かれるものではないかもしれないわね。

特定の気になる相手がいる場合は、ずばり本人に「突然だけど、友だちと恋愛の好きの違いって何だと思う?」って聞いたり、思い切って自分の気持ちを伝えたらどう?

もちろんあせる必要はないわ。じっくり自分や相手の気持ちを見つめてみてね。

教えて!? あすか先生〜!

Q

大好きな人からフラれました。どうしたらいいですか?

A

大好きな人に受け入れてもらえないのはつらいわよね……。ただ、失恋は人とのかかわり方や自分を見つめ直すことで、とても多くのことを学べる機会よ。

恋愛は1人ではなくて、2人でするもの。いろんな恋愛のカタチがあるけど、自分だけが楽しくて満たされても、相手がそうでないこともあるわ。だから、独りよがりにならず、お互いの気持ちを理解し合える関係を築いていくことが大切ね。

出会いがあれば、いつか別れもあるもの。フラれて気持ちが沈むこともあると思うけど、その時はキッパリあきらめることね。友だちと遊んだり、自分の好きなことをして気分転換をしているうちにつぎの好きな人ができたり、恋愛以外に夢中になれることができて、そのうちいい思い出になっていくことを願っています。

つらいことを乗り越える経験は、きっとあなたを成長させるはずよ。

LESSON 6 恋愛と性別のさまざまなかたち

4組《くみ》のマキオって噂《うわさ》聞《き》いたんだけど、あれマジなのかな？
え…ゲイってホモ!? 男《おとこ》が好《す》きな男《おとこ》ってコト!?
まじでー！
マキオ、ウケるよなー！男《おとこ》の先輩《せんぱい》にコクったとか聞《き》いたぜ！
ププ
カチャ
おー、みんな遊《あそ》びにきてんのー
さっきからどうしたのなにゲイとか騒《さわ》いじゃって
あ、姉《ねえ》ちゃん
おじゃましてまーす
あ、いや大《たい》した話《はなし》じゃないんだ
ププププ
ただうちの学校《がっこう》にゲイがいるらしくて…
ウケるよなー!!
笑《わら》いごとじゃないっ!!!
ビクー!!

＊「セクシュアルマイノリティ」「性的少数者」ともいい、性における少数者（同性愛者、両性愛者、性同一性障害など）のこと。

高校《こうこう》の友《とも》だちで同性《どうせい》を好《す》きな子《こ》がいたんだ
私《わたし》にはこっそり打《う》ち明《あ》けてくれたんだけどね…
ずっとだれにも言《い》えなかった…
自分《じぶん》はおかしいんじゃないかって不安《ふあん》で…
消《き》えてしまいたい…
この子《こ》の力《ちから》になりたい…
まず知《し》ることからはじめよう…
…で今《いま》に至《いた》るってわけ
しんみり
性《せい》のあり方《かた》は人《ひと》それぞれ
自分《じぶん》と同《おな》じじゃないからって人《ひと》を傷《きず》つけていい理由《りゆう》にはならないんだよ
はぁあ
まっちゃんのねーちゃん、おっかなかったな〜
うん…
けどオレさ、ゲイのことウケるって思《おも》ってたけど深刻《しんこく》に悩《なや》んでるやつもいるってはじめて気《き》づいたかも
オレも…

＊「LGBT」に「クエスチョニング」「クィア」を表す「Q」と、それ以外の性のあり方も含める表現として、「LGBTQ+」と表記することもあります。

突然《とつぜん》だけどここでさっしーにクイズよ！
でーん
クイズ
ほんとこの人《ひと》唐突《とうとつ》だな…
世《よ》の中《なか》にはどれくらい性的《せいてき》マイノリティがいるか知《し》ってる？
うーん…千人《せんにん》に1人《ひとり》くらい？
残念《ざんねん》ながらハズレ！＊国内《こくない》の調査《ちょうさ》では約《やく》7・6％つまり、約13人《にん》に1人《ひとり》がLGBTと報告《ほうこく》されているそうよ！
7.6％
バーン
左利《ひだりき》きの人《ひと》と同《おな》じくらいの割合《わりあい》らしいわ！
そんなに!?
じゃあうちのクラスにも2人《ふたり》か3人《にん》くらいはいるかもしれないってこと…？
意外
その通《とお》りよ！
でも、そんな実感《じっかん》がないってことは、隠《かく》して生《い》きている人《ひと》が多《おお》いということ
そうなんだ…
性《せい》のあり方《かた》はとても多様《たよう》なの
・体《からだ》の性別《せいべつ》（＝生物学的性別《せいぶつがくてきせいべつ》）
・自分《じぶん》が自分自身《じぶんじしん》の性別《せいべつ》をどのように意識《いしき》しているかという心《こころ》の性別《せいべつ》（＝性自認《せいじにん》）
・好《す》きになる性別《せいべつ》（＝性的指向《せいてきしこう》）
この3つの要素《ようそ》で説明《せつめい》することができるわ

＊ 2015 年、電通ダイバーシティ・ラボが 7 万人を対象に行なった調査。

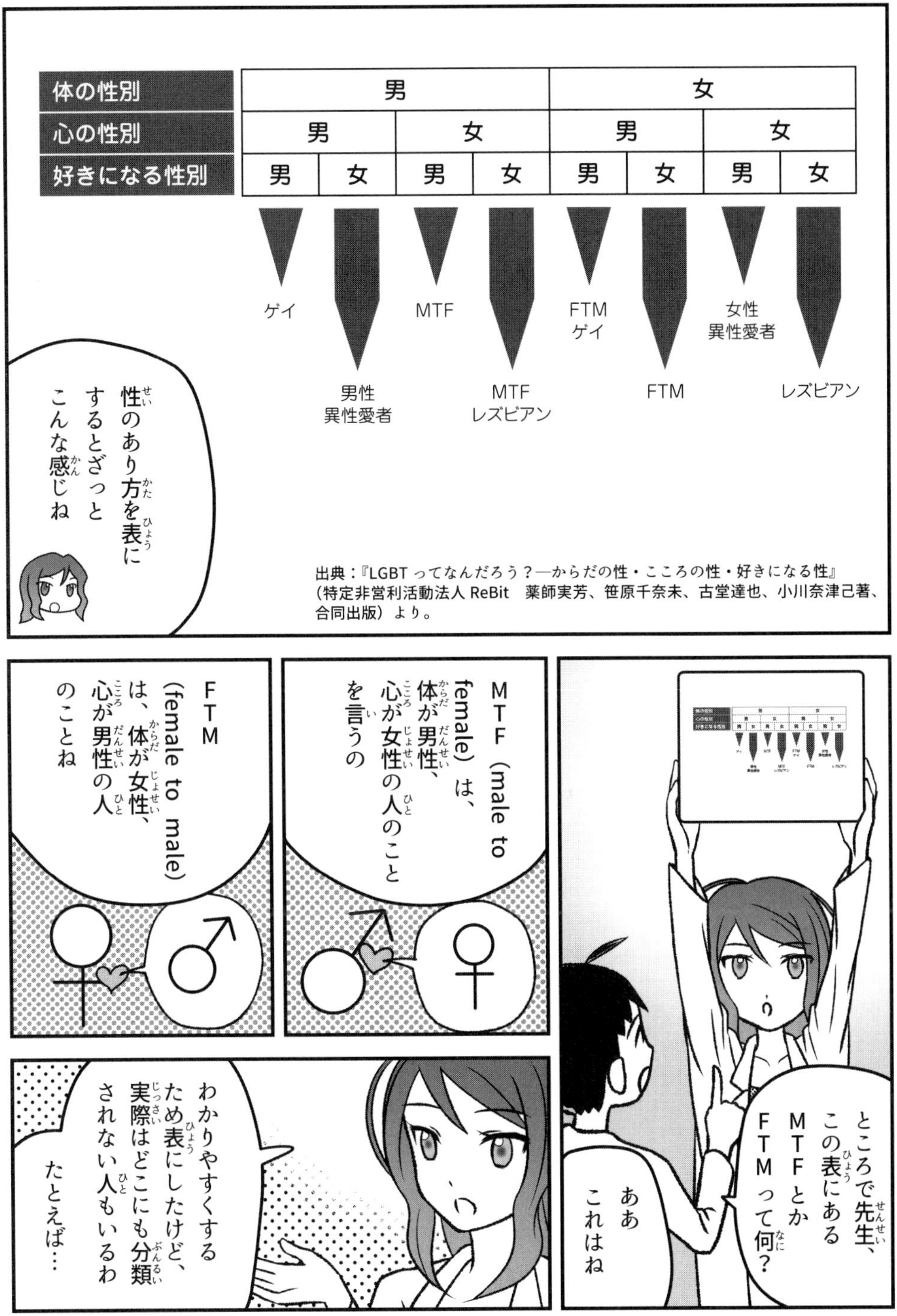
体の性別
心の性別
好きになる性別
男
女
男
女
男
女
男
女
男
女
男
女
男
女
ゲイ
男性
異性愛者
MTF
MTF
レズビアン
FTM
ゲイ
FTM
女性
異性愛者
レズビアン
性《せい》のあり方《かた》を表《ひょう》にするとざっとこんな感《かん》じね
出典：『LGBT ってなんだろう？—からだの性・こころの性・好きになる性』（特定非営利活動法人 ReBit　薬師実芳、笹原千奈未、古堂達也、小川奈津己著、合同出版）より。
ところで先生《せんせい》、この表《ひょう》にあるMTFとかFTMって何《なに》？
ああこれはね
MTF（male to female）は、体《からだ》が男性《だんせい》、心《こころ》が女性《じょせい》の人《ひと》のことを言《い》うの
FTM（female to male）は、体《からだ》が女性《じょせい》、心《こころ》が男性《だんせい》の人《ひと》のことね
わかりやすくするため表《ひょう》にしたけど、実際《じっさい》はどこにも分類《ぶんるい》されない人《ひと》もいるわ
たとえば…

自身《じしん》の心《こころ》の性《せい》を男《おとこ》・女《おんな》のあいだであると思《おも》っている人《ひと》
女
男
心の性
男《おとこ》・女《おんな》どちらでもあると思《おも》っている人《ひと》
女
男
心の性
男《おとこ》でも女《おんな》でもないと思《おも》っている人《ひと》
女でもない
男でもない
心の性
体《からだ》の性《せい》をハッキリと男女《だんじょ》どちらかに判別《はんべつ》できないケースもあるし
女でもない
男でもない
体の性
恋愛感情《れんあいかんじょう》や性的《せいてき》欲求《よっきゅう》をまったく持《も》たない人《ひと》もいるのよ
性的欲求
恋愛感情
ありません
こ…こんなにたくさんのタイプがあるのか
全部知らなかった…
じゃああすか先生《せんせい》、性的《せいてき》マイノリティの人《ひと》が生《う》まれる原因《げんいん》ってあるの？
なぜ同性愛者《どうせいあいしゃ》や性別違和《せいべついわ》を持《も》った人《ひと》が生《う》まれるのか、はっきりとはわからないのよ
ちょうどさっしーくらいの思春期《ししゅんき》に気《き》づく子《こ》が多《おお》いけど、生《う》まれつきのこともあるし、大人《おとな》になる過程《かてい》で変化《へんか》することもあるわ
オレくらい？
ふーん…同性愛《どうせいあい》や体《からだ》と心《こころ》の性別《せいべつ》が違《ちが》うことは治《なお》せないの？
「治《なお》す」ということは同性愛《どうせいあい》や性別違和《せいべついわ》が病気《びょうき》だって思《おも》っているのかしら？
うーん…
同性愛は病気か？

キッパリ
同性愛《どうせいあい》や性別違和《せいべついわ》は病気《びょうき》ではないのよ
病気
性別《せいべつ》への違和感《いわかん》がある場合《ばあい》は、本人《ほんにん》の希望《きぼう》があれば病院《びょういん》でカウンセリングを受《う》けたり
体《からだ》を心《こころ》の性《せい》に近《ちか》づける治療《ちりょう》を受《う》けることができるわ
同性同士《どうせいどうし》の結婚《けっこん》を認《みと》める国《くに》も最近増《さいきんふ》えてきてるわ
フランス
スウェーデン
オランダ
など…
人《ひと》って男《おとこ》・女《おんな》ではっきり分《わ》けられるものではなくてだれもがグラデーションの部分《ぶぶん》を含《ふく》んでいるんだと思《おも》うわ
とくに思春期《ししゅんき》は揺《ゆ》らぎやすい時期《じき》だしね
「男《おとこ》らしくしなさい！」「女《おんな》らしくないわねぇ」などと言《い》われることが、生《い》きづらさにつながる人《ひと》もいるわ
男ならこれくらいどうってことないだろ！
女の子なんだからおしとやかになさい！
オレも優柔不断《ゆうじゅうふだん》でなかなか決《き》められないときに
男《おとこ》ならハッキリしろ！
って言《い》われてイヤな思《おも》いしたことあるな〜……
A
B

「男《おとこ》ならこうあるべき」って価値観《かちかん》に縛《しば》られて苦《くる》しんでいる男性《だんせい》は大人《おとな》になっても多《おお》いわ
男《おとこ》だって泣《な》いてもいいし
困《こま》ったら相談《そうだん》していいし、
いつだって頼《たよ》れる強《つよ》い存在《そんざい》じゃなくてもいいのよ
うわあああ
ちょっと相談してもいいですか？
好《す》きになった相手《あいて》がどんな性別《せいべつ》だろうと、だれかを好《す》きって思《おも》いは変《か》わらず大切《たいせつ》な気持《きも》ちだし
自分《じぶん》の性別《せいべつ》をどう感《かん》じるかは人《ひと》それぞれよ
男《おとこ》らしさ、女《おんな》らしさにとらわれず自分《じぶん》らしくいられる社会《しゃかい》がみんなにとって居心地《いごこち》のいい社会《しゃかい》なんじゃないかしら
そっか…
性《せい》や恋愛《れんあい》に対《たい》して色《いろ》んな考《かんが》えの人《ひと》がいて、
オレもオレらしくあっていいんだな…
多様《たよう》な性《せい》のあり方《かた》を学《まな》ぶことで、そのままの自分《じぶん》を受《う》け入《い》れられた気《き》がしたさっしーだった
TO BE CONTINUED...

教えて!? あすか先生〜!

Q

LGBTの子は何に悩んでいるの?

A

LGBTと一言で言っても、悩みは人それぞれ。ただ、よく聞くのが、「普通の人と違う」とか「オカマ」などと笑われたりからかわれたりして、いじめや差別の対象になりやすいということです。そのためにLGBTの人は、LGBTではない人に比べ、自殺を考えたことがある人も多いといわれています。

その悩みの中には「自分は異常なのかも」「人を好きになっちゃいけない」「友だちや家族に拒絶《きょぜつ》されるのが怖くてカミングアウト（自分がLGBTであると伝えること）ができない」「将来、結婚や家族を持つのは無理かも」などと、だれにも言えずに苦しんでいる人が多くいます。

Q

LGBTっぽい友だちがいるんだけど、どう接したらいいの?

A

友だちにLGBTがいる／いないにかかわらず、「このクラスにもいるかもしれない」という意識を持つことが大切ね。LGBTをからかいのネタにしたり、バカにしたりするのはまずやめましょう。

「この前、本でLGBTのこと知ったんだ〜」とさりげなく話題に出すことで、友だちに「この人ならカミングアウトできそう」と意識させることができます。ただ、それでも言いたくない人もいるし、無理に確かめようとするより、他の友だちと変わらないように接するのがいいと思います。

当事者の中には、「相手やその人との関係が大事だからこそ、本当の自分を理解してほしい」と考えカミングアウトする人もいます。だからもしカミングアウトされた時は、その人にこれからどう接してほしいかを聞きながら、関係性を築いていけるといいんじゃないかしら。

ＬＧＢＴのサークルや市民団体に相談するのもいいと思うわ。１８８ページに紹介しているので、参考にしてみてね。

教えて!? あすか先生〜!

Q　A

Q 同性の友だちに告白されたんだけど、傷つけずに断るには？

A 異性・同性にかかわらず、告白を断るのはむずかしいわよね。しかも傷つけずになんてほぼ無理だから！　断る時点で必ずや相手は傷つくものです。自分の気持ちをあいまいでなく正直に伝えるしかありません。

その時、同性愛・異性愛ということとかかわりなく、目の前の友だちと今後どういう関係性でいたいかを考えてみてください。告白については断ったとしても、その子と友だちとしていい関係性を続けたいという時は、率直に「好きっていう気持ちはうれしいけど、恋人としてのおつき合いはできない。このままいい友だちでいたい」って伝えるといいと思います。

Q

自分が同性愛者ってことを友だちや家族に言ったら、拒否されそうで怖いです……。

A

以前よりＬＧＢＴに対する理解が日本でも広がってきているけど、まだまだいろんな考え方の人がいるのも事実です。ＬＧＢＴであることを隠したり、ウソをついて話を合わせるのもつらいけど、もし本当のことを言って受け入れてもらえなかったら……と慎重になる気持ちもよくわかります。

けれど、あなたはあなただし、受け入れてくれる人はきっといるはず。身近な人に伝えたいけど難しくて悩んでいる、という時は、地域にある当事者の市民団体を探して、自分と同じ立場や、同じような悩みを持った人の話を聞いて参考にしたらどうかしら？

LESSON 7

好きだからセックスしたい！

赤《あか》ちゃんか
おれもいつか結婚《けっこん》して子《こ》どもができたりするのかなぁ…
ほわわ
命《いのち》の誕生《たんじょう》に興味津々《きょうみしんしん》のようねさっしー!
ビクッ
あすか先生《せんせい》!
考《かんが》えごとしすぎて私《わたし》がいるのに気《き》づかなかったのかしら?
見《み》てなかったも何《なに》もまた勝手《かって》に学校《がっこう》入《はい》ってきて大丈夫《だいじょうぶ》なのホント!?
先生完全《せんせいかんぜん》に不審者《ふしんしゃ》だよ…
赤《あか》ちゃんができるには何《なに》が必要《ひつよう》かさっしーは知《し》ってるかしら
チラッ
新《あたら》しい命《いのち》が生《う》まれるまでには、必《かなら》ずセックスを経《へ》て妊娠《にんしん》をするというプロセスがあるのよ
セックス
ぎくぅ

セックスっていうといやらしいとか下《しも》ネタとかって思《おも》うかもしれないけど、新《あら》たな命《いのち》につながる大切《たいせつ》な行為《こうい》でもあるの
ぴっ
今回《こんかい》は理科《りか》の授業《じゅぎょう》と思《おも》って聞《き》いてみるといいわ!
授業《じゅぎょう》…
では学校《がっこう》の授業《じゅぎょう》らしくいくわよ…
妊娠《にんしん》は…
コホン
①セックスをする
②精子《せいし》と卵子《らんし》が出会《であ》い、受精卵《じゅせいらん》になる
③受精卵《じゅせいらん》が子宮内膜《しきゅうないまく》にもぐり込《こ》み、着床《ちゃくしょう》する
受精卵
…という3つのステップで成立《せいりつ》します!
わかんねぇ~!!
…なんてね! これから詳《くわ》しく説明《せつめい》していくからパニくらないで!
てへぺろ
お願《ねが》いしますよ…
妊娠《にんしん》につながるセックスでは、ペニスを膣《ちつ》に入《い》れて、射精《しゃせい》することで精子《せいし》を卵子《らんし》のもとに届《とど》けるのよ
性的《せいてき》な快感《かいかん》が高《たか》まるとペニスが勃起《ぼっき》して硬《かた》くなり、膣《ちつ》から分泌液《ぶんぴつえき》が出《で》て挿入《そうにゅう》しやすくなるわ

一度《いちど》の射精《しゃせい》で数億《すうおく》の精子《せいし》が膣内《ちつない》に送《おく》り込《こ》まれるわ
どりゃー
いくぜー
ヒャッハー
精子
体長：0.05mm
寿命：子宮の中で３日〜５日程
精子《せいし》は、排卵《はいらん》されて卵管《らんかん》にいる卵子《らんし》を目指《めざ》して膣《ちつ》、そして子宮《しきゅう》の中《なか》を泳《およ》いでいくのよ
精子《せいし》さん
まだかしら…
いくぜー
おっしゃー
卵子
体長：0.2mm
寿命：約24時間
膣《ちつ》の中《なか》は精子《せいし》が苦手《にがて》な酸性《さんせい》なので途中《とちゅう》で力尽《ちからつ》きたり、道《みち》を間違《まちが》える精子《せいし》もいるわ
こっちじゃない!?
ぶっちゃけつらい!
精子さんまだかしら〜…
もうムリ…動けないわ….
えっ!? ここ酸性!? キツいんだけど!
なんで膣《ちつ》の中《なか》は酸性《さんせい》なの？
膣《ちつ》は直接外界《ちょくせつがいかい》に接《せっ》している器官《きかん》だから、外部《がいぶ》の雑菌《ざっきん》の侵入《しんにゅう》を防《ふせ》ぐためよ
びしっ
精子って大変だなぁ
そんな過酷《かこく》な環境《かんきょう》の中《なか》、卵管《らんかん》の先《さき》にいる卵子《らんし》までたどりついた精子《せいし》たち！
大変だったよ〜…
ボロ
ボロ
きたぜ〜…
待ってたわ！
卵子《らんし》を取《と》り囲《かこ》んで卵子《らんし》の殻《から》を破《やぶ》ろうとするわ
いれて〜!!
入ってきていいのよ
やりました!!
マジ!?
一番のり!!
にゃんっ
そして最初《さいしょ》に卵子《らんし》の中《なか》に飛《と》び込《こ》んだたった1つの精子《せいし》が卵子《らんし》と合体《がったい》し、受精卵《じゅせいらん》になるの

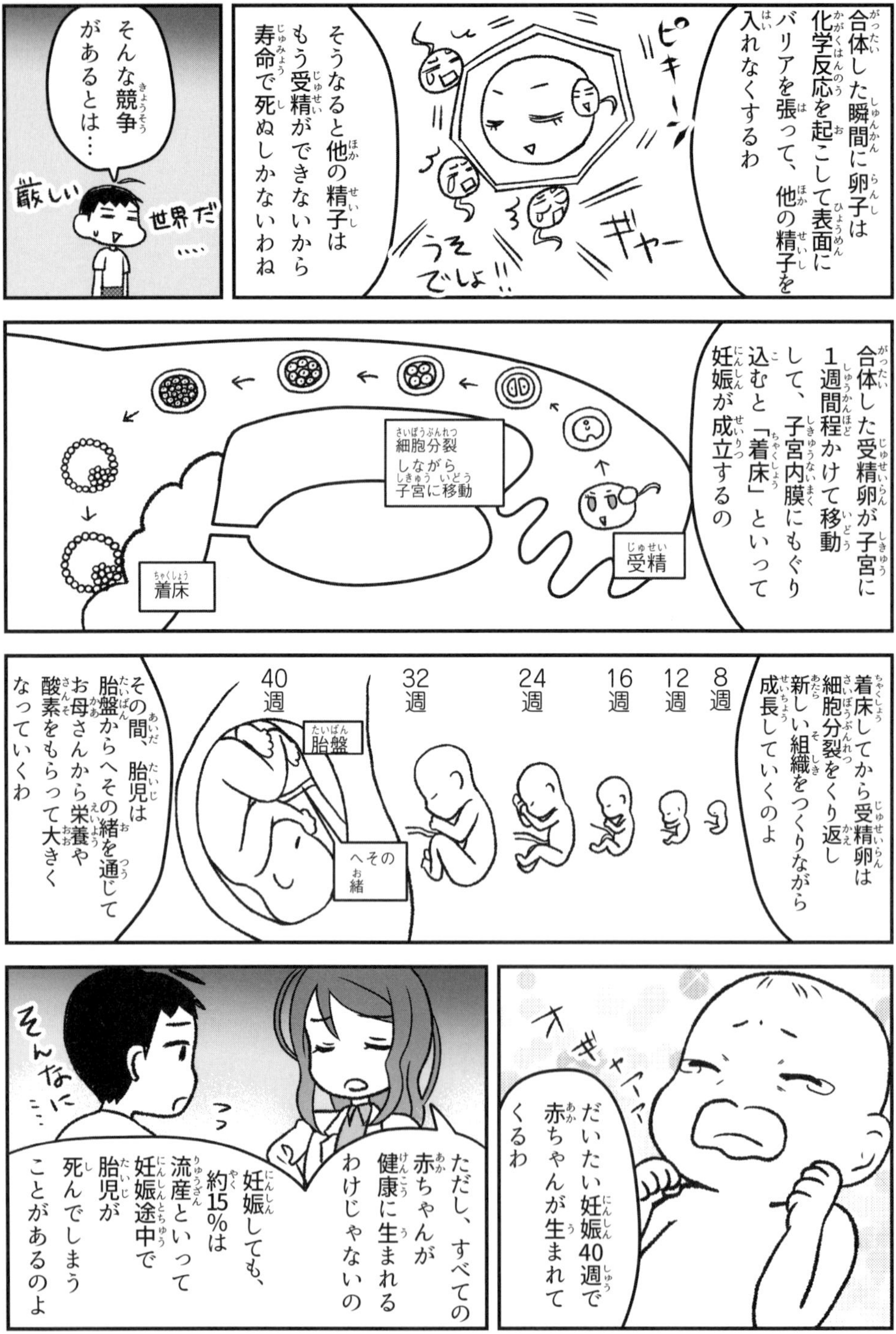
合体《がったい》した瞬間《しゅんかん》に卵子《らんし》は化学反応《かがくはんのう》を起《お》こして表面《ひょうめん》にバリアを張《は》って、他《ほか》の精子《せいし》を入《はい》れなくするわ
ピキーン
ギャー
うそでしょ!!
そうなると他《ほか》の精子《せいし》はもう受精《じゅせい》ができないから寿命《じゅみょう》で死《し》ぬしかないわね
そんな競争《きょうそう》があるとは…
厳しい
世界だ……
合体《がったい》した受精卵《じゅせいらん》が子宮《しきゅう》に1週間程《しゅうかんほど》かけて移動《いどう》して、子宮内膜《しきゅうないまく》にもぐり込《こ》むと「着床《ちゃくしょう》」といって妊娠《にんしん》が成立《せいりつ》するの
受精《じゅせい》
細胞分裂《さいぼうぶんれつ》しながら子宮《しきゅう》に移動《いどう》
着床《ちゃくしょう》
着床《ちゃくしょう》してから受精卵《じゅせいらん》は細胞分裂《さいぼうぶんれつ》をくり返《かえ》し新《あたら》しい組織《そしき》をつくりながら成長《せいちょう》していくのよ
8週
12週
16週
24週
32週
40週
胎盤《たいばん》
へその緒《お》
その間《あいだ》、胎児《たいじ》は胎盤《たいばん》からへその緒《お》を通《つう》じてお母《かあ》さんから栄養《えいよう》や酸素《さんそ》をもらって大《おお》きくなっていくわ
オギャアア
だいたい妊娠《にんしん》40週《しゅう》で赤《あか》ちゃんが生《う》まれてくるわ
ただし、すべての赤《あか》ちゃんが健康《けんこう》に生《う》まれるわけじゃないの
妊娠《にんしん》しても、約《やく》15%は流産《りゅうざん》といって妊娠途中《にんしんとちゅう》で胎児《たいじ》が死《し》んでしまうことがあるのよ
そんなに…

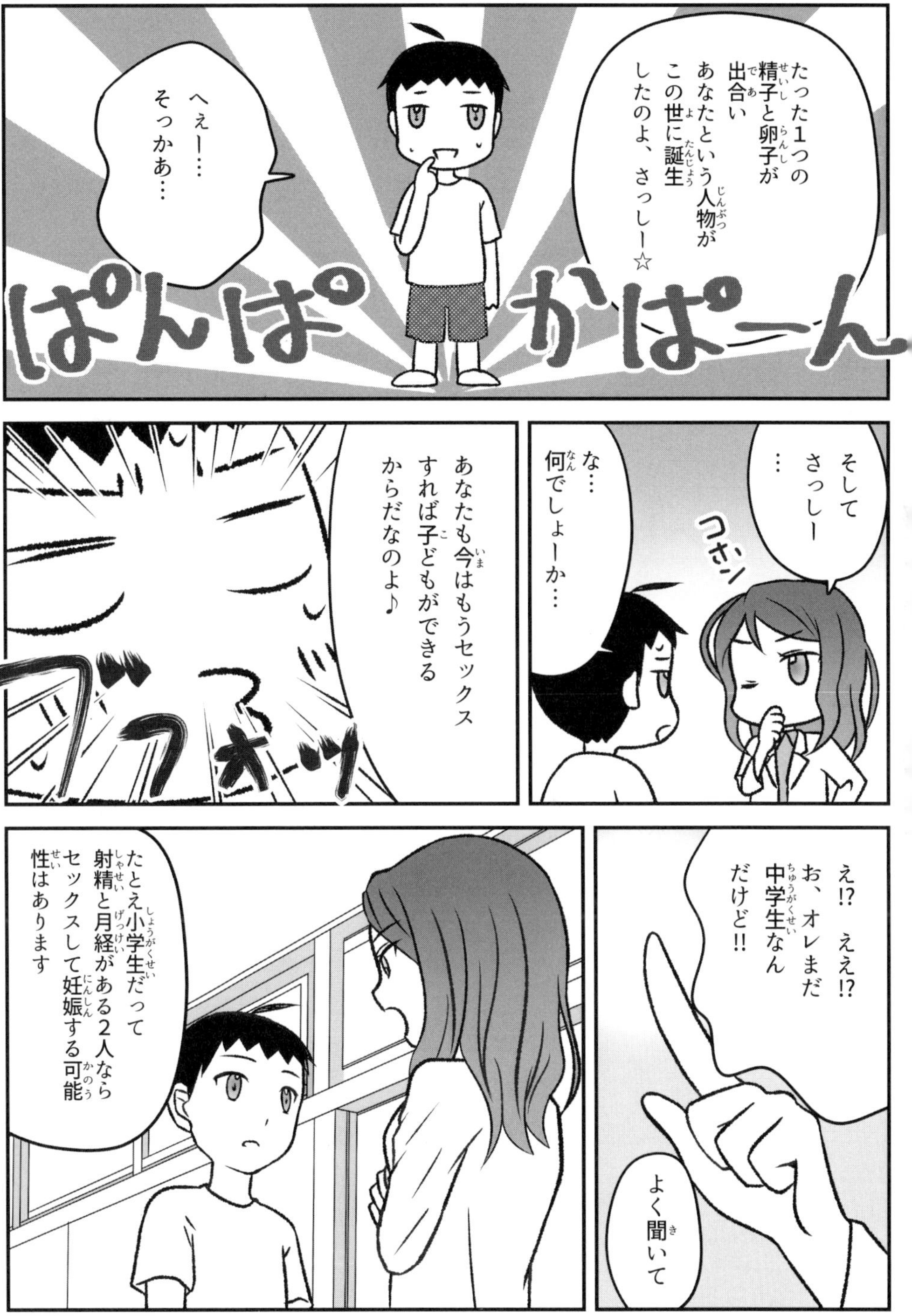

たった1つの精子《せいし》と卵子《らんし》が出合《であ》い あなたという人物《じんぶつ》がこの世《よ》に誕生《たんじょう》したのよ、さっしー☆
へぇー… そっかあ…
ぱんぱかぱーん
そして さっしー …
コホン
な… 何《なん》でしょーか…
あなたも今《いま》はもうセックスすれば子《こ》どもができるからだなのよ♪
ブフォーッ
え!? ええ!? お、オレまだ中学生《ちゅうがくせい》なんだけど!!
よく聞《き》いて
たとえ小学生《しょうがくせい》だって射精《しゃせい》と月経《げっけい》がある2人ならセックスして妊娠《にんしん》する可能《かのう》性《せい》はあります

セックスって、本人《ほんにん》の意思《いし》にかかわらず生殖《せいしょく》につながるとても大事《だいじ》なことよ
だから、いつ・だれとするのがいいのか真剣《しんけん》に考《かんが》える必要《ひつよう》があるわ
セックスができる準備《じゅんび》っていつ整《ととの》うのかしら？
ズイ
えっ先生ちょっと…
お互《たが》いどうしたら安心《あんしん》できる？
ズズイ
先生顔近いよ!!
いきなりそんなこと言《い》われても…！
まだ…そのエッチなこととか…全然《ぜんぜん》先《さき》の話《はなし》だろうし…
つい取《と》り乱《みだ》してごめんなさい いつどんな性関係《せいかんけい》をもつかは色《いろ》んな考《かんが》え方《かた》や価値観《かちかん》があるわ
そうね
性《せい》に関心《かんしん》がある子《こ》もいれば、そうじゃない子《こ》もいるでしょ？
たしかに

セックスはいやらしいもの
でも汚《きたな》いものでもなくて、
信頼《しんらい》し合《あ》う相手同士《あいてどうし》での
愛情表現《あいじょうひょうげん》としてとても
素敵《すてき》なコミュニケーション
にもなりうるものよ
だけど、時《とき》には人《ひと》の
心《こころ》も体《からだ》も傷《きず》つける
暴力《ぼうりょく》にもなるのよ
さっしーに将来《しょうらい》パートナー
ができたとして、どんな
タイミングでならして
いいと思《おも》う？
てれてれ
う、うーん
お互《たが》いしたい
と思《おも》ったら？
自分《じぶん》だけ
じゃなくて
相手《あいて》の意思《いし》
をきちんと
確認《かくにん》する
ことが
大事《だいじ》よね
そして子《こ》どもができたら
困《こま》る状況《じょうきょう》であれば
避妊《ひにん》についても相手《あいて》と
話《はな》し合《あ》って対処《たいしょ》する
必要《ひつよう》があるわ
そんなこと
話《はな》せるかな…
…じゃあ
1つ聞《き》くわよ
妊娠《にんしん》したりしないか
気《き》になったり
しながらの性関係《せいかんけい》は
楽《たの》しいと思《おも》えるかしら？
ビシィッ
ぎくぅっ

お互《たが》いの将来《しょうらい》に どんなことが 起《お》こり得《う》るのか
相手《あいて》のことも 自分《じぶん》のことも 大切《たいせつ》にできる のか
お互《たが》いの人生《じんせい》に かかわることだから こそ、よく話《はな》し合《あ》う事《こと》が 性関係《せいかんけい》を持《も》つか 決《き》める助《たす》けになるはず
セックスをしたく ないという人《ひと》の 意見《いけん》も大切《たいせつ》に されるべきね
グウの音も出ない…
たとえば愛情表現《あいじょうひょうげん》 やスキンシップなら 性器接触《せいきせっしょく》がなくても できるわ
性欲《せいよく》の解消《かいしょう》は マスターベーション やスポーツとかでも できるしね
それから 人生《じんせい》の先輩《せんぱい》と して言《い》える ことは
まわりがしてるからって あせることはないって こと
性経験《せいけいけん》の有無《うむ》でその人《ひと》の 価値《かち》が決《き》まる ってこともないのよ
性《せい》に対《たい》する考《かんが》え方《かた》や 性欲《せいよく》の強《つよ》さは1人ひとり 違《ちが》うものだから まわりに合《あ》わせる 必要《ひつよう》はないわ
お付《つ》き合《あ》いに求《もと》める ことは人《ひと》によって 違《ちが》うしね
私の体だけが めあてなら
さよなら ね

愛情《あいじょう》と性欲《せいよく》を混同《こんどう》せず、自分《じぶん》で性欲《せいよく》の管理《かんり》ができること、
きちんとお互《たが》い対等《たいとう》に話《はな》し合《あ》えること、
それがハッピーな恋愛《れんあい》の第一歩《だいいっぽ》だと思《おも》うわ
今日《きょう》はここまで！
ぴっ
この話《はなし》には大事《だいじ》な続《つづ》きがあるから覚《おぼ》えといて！
愛情《あいじょう》と
性欲《せいよく》か…
男子更衣室
ガラララ
おっせーよさっしー！
…どうした？
？
…ケン
愛情《あいじょう》と性欲《せいよく》を一緒《いっしょ》にしちゃだめだぜ？
ニヤ
何言《なにい》ってんだこいつ…
決まった…
TO BE CONTINUED...

教えて!? あすか先生〜!

Q

エッチがしたくして仕方がない‼　でもまだ彼女もいないし……。どうしたらいい？

A

性欲は生理現象の1つだから、「セックスがしたい」というのも自然な欲求です。たとえばお腹がすくのも生理現象だけど、いつ・どこでご飯を食べるかは自分の意思で決められるわよね？　それと同じように、性欲そのものはコントロールできないけど、その後の行動は自分でコントロールすることができます。

こんな方法を試してみては？

・我慢する

・夢中になれる他の活動に打ち込む（スポーツ、テレビ視聴、趣味など）

・マスターベーションで解消する

自分の性欲を自分で管理・解消できるようになると、自信や安心感につながります。人生の中でいつも相手がいるわけじゃないし、相手の意思を無視して自分の欲求にまかせたセックスをするのはまぎれもなく犯罪です。だから、行動を自分で管理したり、欲求を解消できることが大切よ！

Q

セックスしたいと思えない自分は変……？

A

セックスについてわからないとか、恥ずかしいと思う人は、性について学んだり心の準備が必要ね。とくに中高生のうちは、妊娠や性感染症といったその後の人生を左右するような大きなリスクもあるし、無理にすることはないわ。

セックス以外の愛情表現の方法もたくさんあるし、「まわりから遅れたくない」「つき合ったらセックスしないといけない」とあせらなくてもいいのよ。おつき合いをしてしばらくたっても、大人になっても、「セックスがなくてもいい」と思っているなら、それでいいの。

実際にセックスをする前に、ＡＶやマンガなどでセックスに関することを見てしまう人もいるかもしれないけど、それらは「こうすればいい」というマニュアルではなくて、観る人（とくに男性）を興奮させるためにつくられたフィクション。それをマネするなんてとんでもないことよ！　とても愛情のある行為とは言えないわ。セックスは人間にとって大切なコミュニケーションの1つでもあるけど、一歩間違うと相手を傷つけ、2人の関係をこわしてしまうことにもなるの。お互いにしたいことは何なのか、納得するまでオープンに話し合う中で、心地よいパートナーシップを築いていくことが大切よ。そのためには、相手に対する深い思いやりが必要。子どものうちはまだまだじゃないかしら。

教えて!? あすか先生〜！

A

Q

はじめてのセックスの時、もしうまくできなかったら……と考えると不安です。

「はじめてのセックスがうまくいかなかった……」という男の子の声って実はよく聞きます。緊張しすぎて、うまく勃起《ぼっき》しなかったり、コンドームをつける前にペニスがしぼんでしまったり、射精のタイミングをコントロールできなかったり……。

もしかすると、あなたにもこれから先そんなシチュエーションがおとずれるかもしれません。ただ、セックスは最初から最後まで、全部1人で完璧《かんぺき》にやろうって思う必要はなくて、パートナーとのコミュニケーションを通じて2人でつくり上げていくものということを覚えておいて。最初からうまくいくなんてことはなくて、失敗してあたり前。失敗しながら時間をかけて2人でレベルアップしていくものなの。

それでも不安！　という人には、裏技として、マスターベーションの時にコンドームを使ったり、イメージトレーニングをしておく方法があります。大人になってもどうしても勃起がうまくいかない場合は、泌尿器科の先生に相談するといいでしょう。

LESSON 8 将来のために知っておきたい避妊のこと

2017 年度　衛生行政報告例（母体保護関連）

中絶《ちゅうぜつ》って…赤《あか》ちゃんをおろすってこと？
正確《せいかく》には人工妊娠中絶《じんこうにんしんちゅうぜつ》と言《い》って、妊娠《にんしん》を中断《ちゅうだん》させる手術《しゅじゅつ》のことよ
ただ、希望《きぼう》すれば受《う》けられるわけではなくて、法律《ほうりつ》で定《さだ》められた条件《じょうけん》があるの
中絶《ちゅうぜつ》が許可《きょか》される条件《じょうけん》
①妊娠《にんしん》・出産《しゅっさん》が身体的《しんたいてき》、経済的理由《けいざいてきりゆう》で母体《ぼたい》の健康《けんこう》を損《そこ》なう場合《ばあい》
②脅迫《きょうはく》またはレイプによって妊娠《にんしん》した場合《ばあい》
母体保護法《ぼたいほごほう》の指定《してい》医師《いし》のみが行《おこな》うことができる。
法律上認められているけど、中絶《ちゅうぜつ》は当事者《とうじしゃ》の体《からだ》と心《こころ》にも負担《ふたん》がかかるのよ
自分《じぶん》で決《き》めたことだけど…
思《おも》い出《だ》すとつらくなる…
中絶《ちゅうぜつ》を選択《せんたく》する場合《ばあい》は妊娠《にんしん》の早《はや》い時期《じき》の方《ほう》がより負担《ふたん》の少《すく》ない手術《しゅじゅつ》ができるわ
産婦人科
胎児《たいじ》が母体《ぼたい》の外《そと》では生《い》きていけないとされている妊娠《にんしん》22週前《しゅうまえ》が中絶《ちゅうぜつ》のリミットよ
そうなんだ…22週《しゅう》っていつくらい？
最後の月経の初日
0週
4/1
2週
性交・受精
4/22頃
5週
妊娠検査可能
8/18頃
22週
中絶のリミット
12/23頃
40週
出産予定日
4月1日《がつついたち》のエイプリルフールのセックスで受精《じゅせい》したとしたら、12月23日《がつにち》、クリスマスあたりが出産予定日《しゅっさんよていび》
中絶《ちゅうぜつ》のリミットとなる妊娠《にんしん》22週《しゅう》の前日は8月18日《がつにち》、ちょうどお盆《ぼん》くらいの時期《じき》よ

学生《がくせい》の身《み》で相手《あいて》を妊娠《にんしん》させてしまうということは、学校《がっこう》やお金《かね》はどうするか？
ズドン
親としての責任
ズドン
10,000
数学
英語
ABC
子育《こそだ》てはだれがどうやっていくのか？
ということが現実《げんじつ》の問題《もんだい》としてふりかかってくることよ
たしかに…
うーん
オレが子《こ》どもを育《そだ》てるのは現実的《げんじつてき》に厳《きび》しいよな…
もし妊娠《にんしん》がわかったら、本人《ほんにん》たちだけで悩《なや》まず信頼《しんらい》できる大人《おとな》や病院《びょういん》に相談《そうだん》することが大切《たいせつ》ね
赤《あか》ちゃんを養子《ようし》に出《だ》したり施設《しせつ》に預《あず》けるという選択《せんたく》もあるわ
中《なか》には若《わか》くして生《う》み、まわりからサポートを得《え》て、立派《りっぱ》に親《おや》になっている子《こ》たちもいるけど…
学校《がっこう》や仕事《しごと》が続《つづ》けられず経済的《けいざいてき》に苦《くる》しくなってしまったり
周囲《しゅうい》に助《たす》けを求《もと》められなくて精神的《せいしんてき》に孤立《こりつ》していってしまうこともあるわ

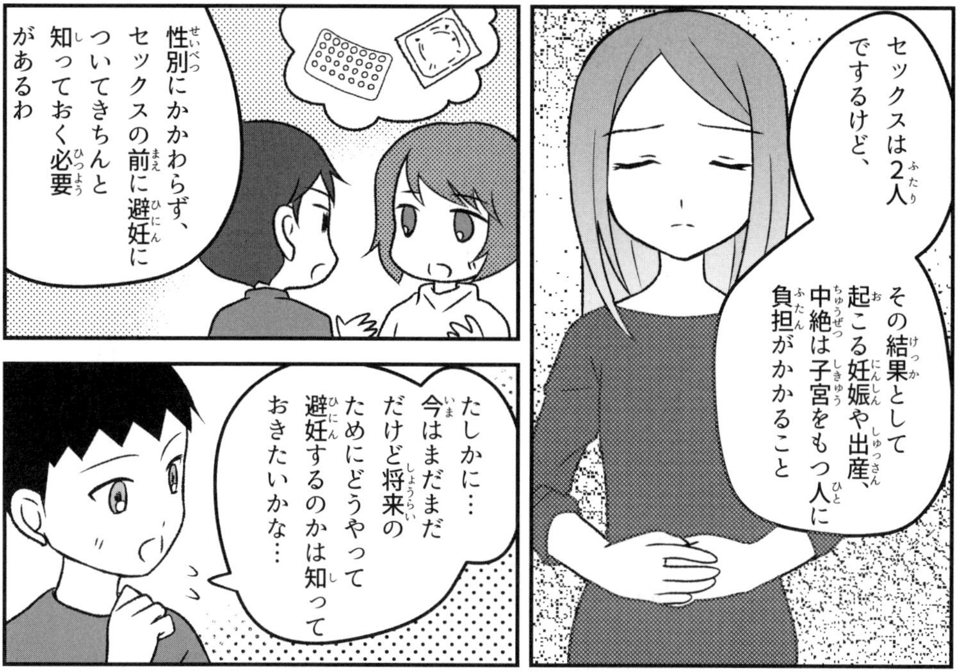
セックスは2人《ふたり》でするけど、
その結果《けっか》として起《お》こる妊娠《にんしん》や出産《しゅっさん》、中絶《ちゅうぜつ》は子宮《しきゅう》をもつ人《ひと》に負担《ふたん》がかかること
性別《せいべつ》にかかわらず、セックスの前《まえ》に避妊《ひにん》についてきちんと知《し》っておく必要《ひつよう》があるわ
たしかに…今《いま》はまだまだだけど将来《しょうらい》のためにどうやって避妊《ひにん》するのかは知《し》っておきたいかな…

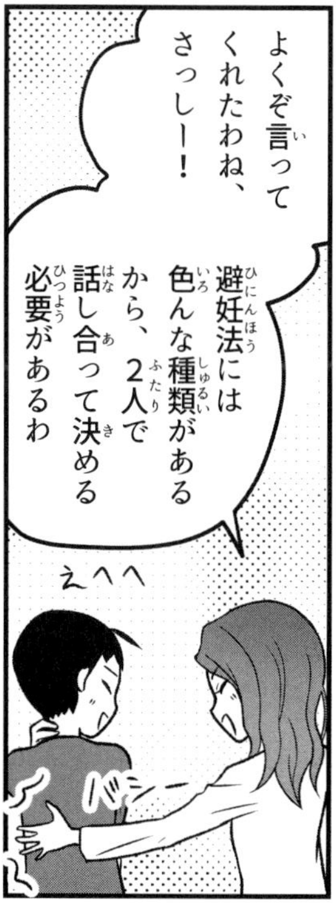
よくぞ言《い》ってくれたわね、さっしー!
避妊法《ひにんほう》には色《いろ》んな種類《しゅるい》があるから、2人《ふたり》で話《はな》し合《あ》って決《き》める必要《ひつよう》があるわ
えへへ
バシー

まずこの表《ひょう》を見《み》て

避妊法の1年間の失敗率
(100人の女性が1年間に妊娠する率)

避妊法	理想的な使用	一般的な使用
避妊なし	85%	85%
男性用コンドーム	2%	13%
低用量ピル	0.3%	7% ＊1
リズム式(基礎体温法)	0.4～5%	15%
IUD、IUS＊2	0.1～0.6%	0.1～0.8%

＊1飲み忘れを含めた場合の失敗率。
＊2子宮内に挿入する避妊リング。薬剤のついたIUDをIUSという。

出典：Hatcher RA, et al. Contraceptive Technology. 21st edition, 2018.

ちなみに「膣外射精《ちつがいしゃせい》」といって、射精《しゃせい》の瞬間《しゅんかん》だけ膣《ちつ》の外《そと》に出《だ》す方法《ほうほう》はそれだけでは効果的《こうかてき》な避妊《ひにん》にはならないわ
オレたちをみくびるなよ！
勃起《ぼっき》したペニスから射精前《しゃせいまえ》に精子《せいし》が微量《びりょう》漏《も》れ出《で》ることもあるからよ
コンドームは知《し》ってる！
コンドーム
・1回使い捨てでペニスにつけるゴムなどでできた袋
・1箱600円～1000円
・ドラッグストアやコンビニで買える
あれ？
けど失敗率《しっぱいりつ》がけっこう高《たか》い？
1年間の妊娠率
2～13%
中絶した女性の避妊法*
その他 2%
コンドーム
26%
避妊なし
52%
20%
膣外射精
そうなの
コンドームを使《つか》っていても避妊《ひにん》に失敗《しっぱい》する人《ひと》はいるわ
正《ただ》しいつけ方《かた》ができていなかったり、破《やぶ》れたりすることもあるからよ
だからコンドームは正《ただ》しく使《つか》うことが大事《だいじ》なの！
どん！
ビシッ
はは
はいっ
避妊《ひにん》については低用量《ていようりょう》ピルがより効果《こうか》が期待《きたい》できる方法《ほうほう》よ
低用量ピル
金 土 日 月 火 水 木
Bayer Schering Pharma
・1日1錠毎日女性が飲む薬
・1カ月2000円～3000円
・病院で処方される
1年間の妊娠率
0.3～7%

＊ 2007年～2008年度厚労科研　876名の中絶患者への調査より

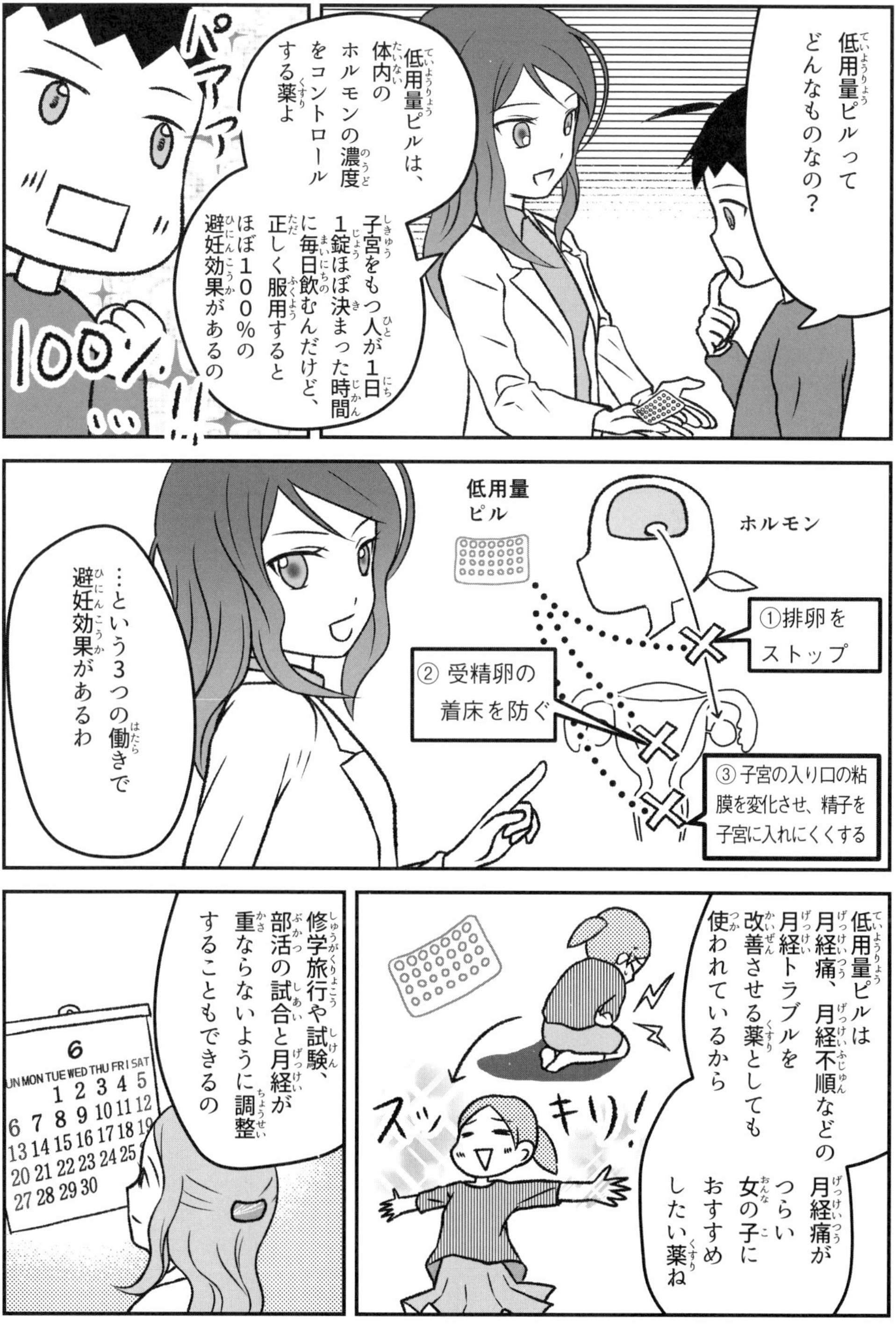

低用量《ていようりょう》ピルってどんなものなの？
低用量《ていようりょう》ピルは、体内《たいない》のホルモンの濃度《のうど》をコントロールする薬《くすり》よ
子宮《しきゅう》をもつ人《ひと》が1日《にち》1錠《じょう》ほぼ決《き》まった時間《じかん》に毎日《まいにち》飲むんだけど、正《ただ》しく服用《ふくよう》するとほぼ100％の避妊効果《ひにんこうか》があるの
パアァ
100％…!!
…という3つの働《はたら》きで避妊効果《ひにんこうか》があるわ
低用量
ピル
ホルモン
①排卵をストップ
② 受精卵の着床を防ぐ
③ 子宮の入り口の粘膜を変化させ、精子を子宮に入れにくくする
低用量《ていようりょう》ピルは月経痛《げっけいつう》、月経不順《げっけいふじゅん》などの月経《げっけい》トラブルを改善《かいぜん》させる薬《くすり》としても使《つか》われているから
月経痛《げっけいつう》がつらい女《おんな》の子《こ》におすすめしたい薬《くすり》ね
スッキリ！
修学旅行《しゅうがくりょこう》や試験《しけん》、部活《ぶかつ》の試合《しあい》と月経《げっけい》が重《かさ》ならないように調整《ちょうせい》することもできるの
6
UN MON TUE WED THU FRI SAT
1 2 3 4 5
6 7 8 9 10 11 12
13 14 15 16 17 18
20 21 22 23 24 25
27 28 29 30

ただし
低用量《ていようりょう》ピルの
避妊失敗率《ひにんしっぱいりつ》は
コンドームより
低《ひく》いけど
シャキーン
ピルには
性感染症予防《せいかんせんしょうよぼう》の
効果《こうか》はないわ
ケケケ
ヒャッハー
だからピル
とコンドーム
を一緒《いっしょ》に使《つか》う
とより安心ね
最強
コンビ
もし、ピルを飲《の》み
忘《わす》れちゃったり
コンドームがやぶれ
て避妊《ひにん》に失敗《しっぱい》したら
どうしたらいいの？
やっぱ気になる…
もし避妊《ひにん》に失敗《しっぱい》
してしまった場合《ばあい》は
72時間《じかん》（3日）以内《いない》に
婦人科《ふじんか》・産婦人科《さんふじんか》で
緊急避妊《きんきゅうひにん》ピルを
処方《しょほう》してもらい、
女性《じょせい》が服用《ふくよう》する
避妊方法《ひにんほうほう》があるわ
こういうのよ
＊1緊急避妊《きんきゅうひにん》ピルは病院《びょういん》
によって薬《くすり》の種類《しゅるい》や
料金《りょうきん》がちがうわ
1回《かい》6千円《せんえん》～
2万円《まんえん》くらいが
多《おお》いようね
高っ
＊2
2回服用《かいふくよう》する
薬《くすり》の場合《ばあい》は
避妊率《ひにんりつ》が落《お》ち
るし副作用《ふくさよう》が
強《つよ》いわ
薬《くすり》にも種類《しゅるい》が
あるんだね

＊1 性暴力被害に巻き込まれた場合は性暴力被害者ワンストップ支援センターや警察に届ければ公費負担の制度が利用できるなど、様々な支援が受けられる。

＊2 病院で数千円で処方される中用量ピルを２回服用する方法。
通販サイトなどで販売されている海外製の薬は偽物の可能性があるためおすすめしません。

緊急避妊《きんきゅうひにん》ピルは正《ただ》しく服用《ふくよう》すれば8~9割程《わりほど》の妊娠阻止率《にんしんそしりつ》があるといわれているけど、
もし妊娠《にんしん》して中絶《ちゅうぜつ》となれば10万円程手術費用《まんえんほどしゅじゅつひよう》がかかるし心身《しんしん》への負担《ふたん》も大《おお》きいわ
避妊《ひにん》できたかどうか、性行為《せいこうい》から3週間後《しゅうかんご》に妊娠検査《にんしんけんさ》をして確認《かくにん》することが大事《だいじ》ね
そして低用量《ていようりょう》ピルと同《おな》じく、性感染症《せいかんせんしょう》の予防効果《よぼうこうか》はないわ
ケケケ
ケケ
ケケ
あくまで緊急《きんきゅう》用《よう》ということを忘《わす》れないで!
リズム法《ほう》（基礎体温法《きそたいおんほう》）
このリズム法《ほう》っていうのは？
女性《じょせい》の月経周期《げっけいしゅうき》や体温《たいおん》の変化《へんか》から妊娠《にんしん》する可能性《かのうせい》が高《たか》い時期《じき》を予測《よそく》してセックスしないって方法《ほうほう》よ
ただし
これらはもともと妊娠《にんしん》しやすくするために開発《かいはつ》された方法《ほうほう》で、避妊法《ひにんほう》としてはおすすめできないわ
特《とく》に月経周期《げっけいしゅうき》が安定《あんてい》しないうちはいつでも妊娠《にんしん》の可能性《かのうせい》がある「危険日《きけんび》」と思《おも》っておくことね
いつでも危険日

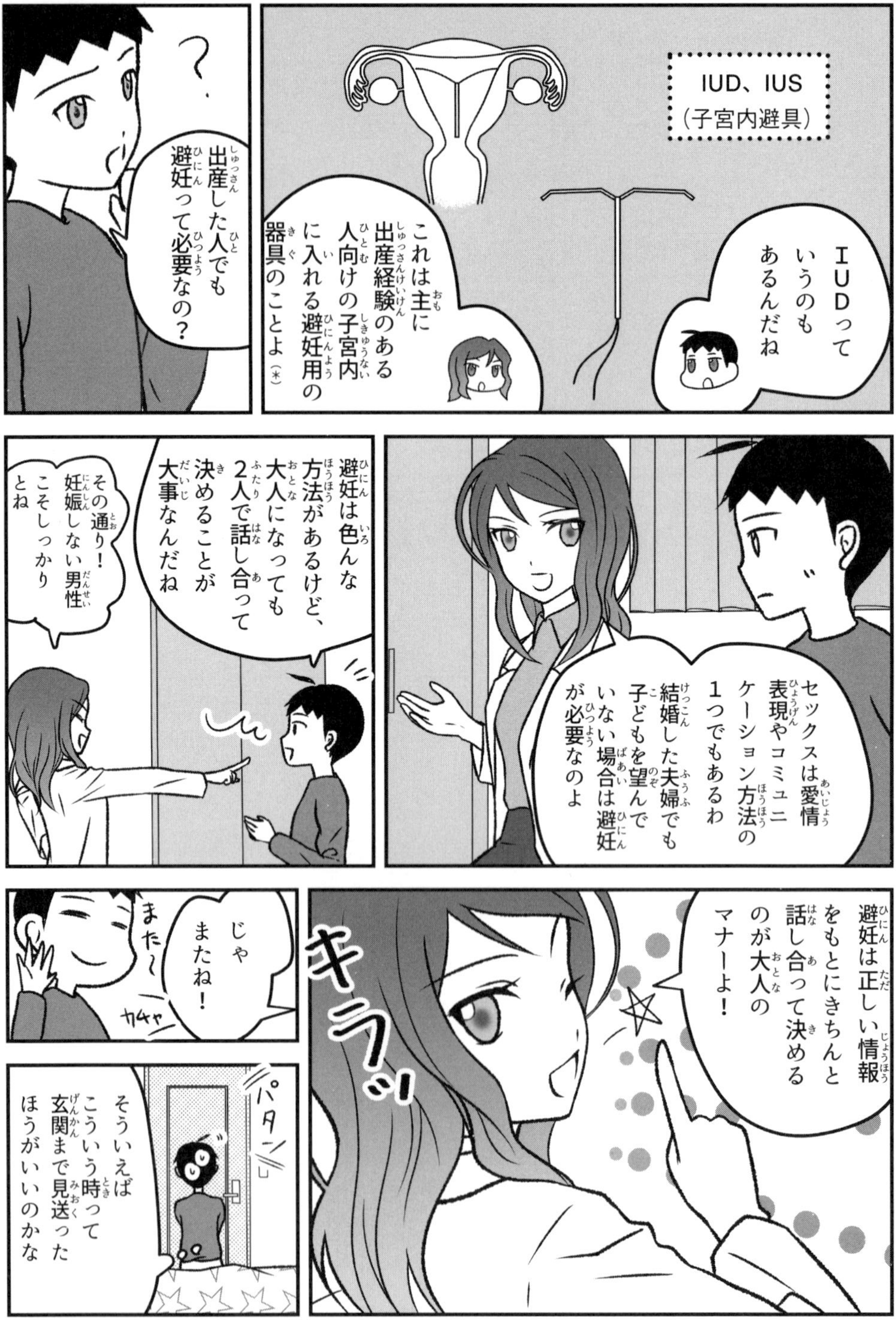
IUD、IUS
（子宮内避具）
IUDっていうのもあるんだね
これは主《おも》に出産経験《しゅっさんけいけん》のある人向《ひとむ》けの子宮内《しきゅうない》に入《い》れる避妊用《ひにんよう》の器具《きぐ》のことよ（＊）
？
出産《しゅっさん》した人《ひと》でも避妊《ひにん》って必要《ひつよう》なの？
セックスは愛情《あいじょう》表現《ひょうげん》やコミュニケーション方法《ほうほう》の1つでもあるわ
結婚《けっこん》した夫婦《ふうふ》でも子《こ》どもを望《のぞ》んでいない場合《ばあい》は避妊《ひにん》が必要《ひつよう》なのよ
避妊《ひにん》は色《いろ》んな方法《ほうほう》があるけど、大人《おとな》になっても2人《ふたり》で話《はな》し合《あ》って決《き》めることが大事《だいじ》なんだね
その通《とお》り！妊娠《にんしん》しない男性《だんせい》こそしっかりとね
キラッ
避妊《ひにん》は正《ただ》しい情報《じょうほう》をもとにきちんと話《はな》し合《あ》って決《き》めるのが大人《おとな》のマナーよ！
じゃまたね！
また〜
カチャ
パタン
そういえばこういう時《とき》って玄関《げんかん》まで見送《みおく》ったほうがいいのかな

TO BE CONTINUED...

（＊）出産経験のない人でも IDS、IUS の装着の相談ができる医療機関もあります

教えて!? あすか先生〜!

Q 低用量ピルを飲んで、女性の体に悪い影響はないの?

A

低用量ピルは、副作用が少ない薬といわれています。飲みはじめの頃、ホルモンバランスの変化によって、不正出血（月経ではない出血があること）、吐き気、頭痛、乳房の張りなどが見られることもあるけど、2〜3カ月のうちにはなくなっていくことがほとんどです。

10万人の女性が1年間に死亡するリスクとして、低用量ピルと日常的なリスクを比較してみると、「健康でたばこを吸っていない人が受けるピルのリスク」が1なのに対して、「喫煙（たばこを吸うこと）」は167*！ 喫煙のリスクの方がずっと高いことがわかります。

ただ、低用量ピルの服用によるリスクはごくわずかだけど、たばこを吸う習慣のある人が低用量ピルを飲むと、（喫煙量と年齢にもよるけど）血管の病気にかかる危険性を高めるという報告があります。なので、たばこを吸う習慣があってピルを服用したいという人は、まず医師に相談することになっています。

低用量ピルには確かな避妊効果があり、かつ月経のトラブルを改善するというメリットがあることを理解して、利用するかどうかを女性本人が決めるのがいいでしょう。

＊ Guillebaud, :Contraception Today, A Pocketbook for General Practitioners (Third edition), Martin Dunits Ltd, London, 1998.

教えて!? あすか先生〜!

Q

コンドームをつけない方が気持ちいいって聞くけど、それってホント？

A

たしかに「つけない方が気持ちいい」って思っている人が多くいるのは事実です。ただ、今はコンドームも新しい商品が開発されて、使用感をほとんど感じないような薄〜〜い素材のものや、外側に潤滑ジェルがついていて「コンドームをつけた方が気持ちいい」と宣伝しているものもあるのよ。

性感染症や予期しない妊娠から中絶ということになったら大変なこと。とくに女性の立場だと、妊娠などの不安が頭をかすめたら、それだけでセックスは楽しくなくなってしまうわ。セックスは2人でするもの。だからこそお互いが安心し合えることが大切よ。コンドームをつけないでその時は気持ちよくて満足だったとしても、セックスはその後の人生に影響を与えるということを決して忘れないでください。コンドームを外すのは、お互いが妊娠を望む時でも遅くないはずです。

Q

中絶ってどんなことをするの？　一度中絶するともう妊娠できない体になるの？

A

妊娠11週までの初期中絶は、全身麻酔をしてから、膣から胎児や子宮の内容物を取り出す方法。日帰りで手術を受けることも可能だけど、数日は安静が必要です。費用は病院によって変わるけど、10万円程のところが多いようね。妊娠12週から21週までの中期中絶は、薬で陣痛をおこして出産する方法。3〜4日の入院が必要で、費用も30万円程かかることがあり、より心身への負担も大きくなります。だから、妊娠の診断を早く受けて決断することが大切。妊娠を確かめるには、月経予定日から1週間後か、性行為から3週間後に妊娠検査薬（薬局などで千円程で買えます）を使って。陽性が出たら、流産や子宮外妊娠の可能性もあるから、できるだけ早く産婦人科を受診してね。

一度の手術で将来妊娠できなくなるということは、今の日本ではほとんどありません。ただ、中絶を選んだことをずっと悩んだり悔やむ女性も多くいます。中絶は、2人でセックスした結果なのに、女性の身にだけふりかかるもの。同じことをくり返さないように、避妊や2人の関係性について向き合って見直すことが大切です。

そして、妊娠を取り巻く問題としてもう1つみんなに知っておいてほしいのは、妊娠をしたいのになかなかできない「不妊」について。最近、不妊に悩む人たちが増えています。原因は、男性・女性それぞれに同程度あるといわれているわ。妊娠を望むすべての人たちが子どもを授かれるわけではありません。しかしだからといって、すべての女性が子どもを生まなければならないというわけではありません。子どもを生む・生まないの選択は、個人の自由ということも覚えておいてね。

LESSON 9

それってホント？性のリアルとファンタジー

その夜《よる》
うぉおおお
えっろ〜〜〜!!
こんなのイヤなハズなのに…感《かん》じちゃう…!
ぐへへへへへ
これがリアルエッチってやつかあ〜
ピピーーッ
そう思《おも》うのはちょっと早《はや》いわよ、さっしー!
エロ本《ほん》の情報《じょうほう》をうのみにするのはレッドカードね!
ちょっとあすか先生《せんせい》ノックくらいしてよ!!!

あら 失礼《しつれい》☆
ただ、アニメやマンガ、ネットや雑誌《ざっし》のエッチな表現《ひょうげん》やストーリーは現実《げんじつ》とは違《ちが》うっていうのは覚《おぼ》えておくべきね
えっ どういうこと？
そんなさっしーのために！
今回《こんかい》は誤解《ごかい》しがちな恋愛《れんあい》や性《せい》のポイントを解説《かいせつ》するわ
誤解《ごかい》1
男《おとこ》がリードすべし
ピッ
うそ
恋愛《れんあい》や性関係《せいかんけい》は必《かなら》ずしも男性《だんせい》がリードしなくちゃいけないものではないわ
テレビでは「男《おとこ》からリードしなきゃ」って言《い》ってたよ？
押《お》してばかりのテクニックや口説《くど》き文句《もんく》は相手《あいて》から嫌《きら》われることもあるわ
オレのこと好きだって言えよ…
ドヤァァ
いやあああ
知《し》らなかった
誤解《ごかい》2
女《おんな》の子《こ》の「イヤ」はOKのサイン
初《はじ》めはイヤがってる女《おんな》の人《ひと》もそのうち気持《きも》ちよくなっていって…
ってエッチなストーリー展開《てんかい》があるけど
ピピーーッ
うそ
バッ
それは完全《かんぜん》にフィクションね!!
え！そうなの!?

イヤっていう相手《あいて》に無理《むり》やり性関係《せいかんけい》を迫《せま》ることは犯罪《はんざい》になるわ
そんなこと言って実は期待してるんだろ
わっ私まだムリ
たとえ好《す》きな相手《あいて》でも受《う》け入《い》れる準備《じゅんび》ができてない時《とき》に触《ふ》れられるのはイヤなこともあるのよ
どうしたいか相手《あいて》の意思《いし》をきちんと聞《き》くことが大事《だいじ》よ
いいかな
うん
誤解《ごかい》3
女《おんな》の子《こ》はセックスでコンドームをしないで射精《しゃせい》されることを望《のぞ》んでいる
ビシッ
ほとんどのエッチなストーリーではコンドームをしないでセックスをしたり、女《おんな》の子《こ》が、膣《ちつ》の中《なか》に射精《しゃせい》するようお願《ねが》いする描写《びょうしゃ》があるんだけど
それもウソよ
え!?そういうものじゃないの!
ガーン
いいこと？コンドームをしなければ、性感染症《せいかんせんしょう》をうつしたり妊娠《にんしん》させてしまう可能性《かのうせい》があるのよ
ぐぐぐぐぐ
うううう
そもそも避妊《ひにん》をしないのは暴力《ぼうりょく》よ
ハッ

ぼ…暴力《ぼうりょく》…
そうか…そういうふうに考《かんが》えたことなかった…
あわ
あわ
あと言《い》っておくけど避妊《ひにん》しない人《ひと》とは即別《そくわか》れるという人《ひと》もいるわよ！
まじで!?
エロ本全然参考にならないじゃん!!!
誤解《ごかい》4
*膣外射精《ちつがいしゃせい》や2回目以降《かいめいこう》の射精《しゃせい》なら妊娠《にんしん》しない
都市伝説
避妊《ひにん》についても間違《まちが》った都市《とし》伝説《でんせつ》がたくさんあるわね！
バーン
え？ それって間違《まちが》ってるの？
はてな
?
＊膣外射精：コンドームをつけずに性交し、膣の外に射精すること
膣外射精《ちつがいしゃせい》や2回目《かいめ》なら精液《せいえき》が薄《うす》くなって妊娠《にんしん》しにくいというのもウソよ
うそ
もうついた!
ここを洗っても意味ない…
射精《しゃせい》した後《あと》に膣《ちつ》の中《なか》を洗《あら》うのもまったく意味《いみ》がないわ
うそ

女性《じょせい》の月経周期《げっけいしゅうき》によって妊娠《にんしん》のしやすさは変《か》わるけど、絶対《ぜったい》に妊娠《にんしん》しない「安全日《あんぜんび》」というのもないのよ
生きてるぜ！
いつ排卵かわからないわ〜
うそ
そんな誤解《ごかい》だらけなんだ…
じゃあ何《なん》でそんなウソが出回《でまわ》ってるんだろう…
うそ
広告《こうこく》やメディアはたくさんの人《ひと》の目《め》に触《ふ》れられることで利益《りえき》を得《え》ているわ
より多《おお》くの人《ひと》に見《み》てもらおうと、どんどん過激《かげき》な表現《ひょうげん》になることもあるのよ
視聴率のためには刺激的なシーンを…
TV局
AVやエッチな雑誌《ざっし》とかのポルノ情報《じょうほう》を教科書《きょうかしょ》代《が》わりに学《まな》んだり
へ〜なるほど〜
友《とも》だちのウワサに左右《さゆう》される人《ひと》は少《すく》なくないわ
けれどそういったポルノ情報《じょうほう》は、性《せい》についてのファンタジーを表現《ひょうげん》したもので、現実《げんじつ》とは違《ちが》うもの
18
ビシッ
そもそも大人《おとな》が18歳未満《さいみまん》の人《ひと》に過激《かげき》な性表現《せいひょうげん》のある情報《じょうほう》が目《め》に入《はい》る環境《かんきょう》にしちゃいけないのよ

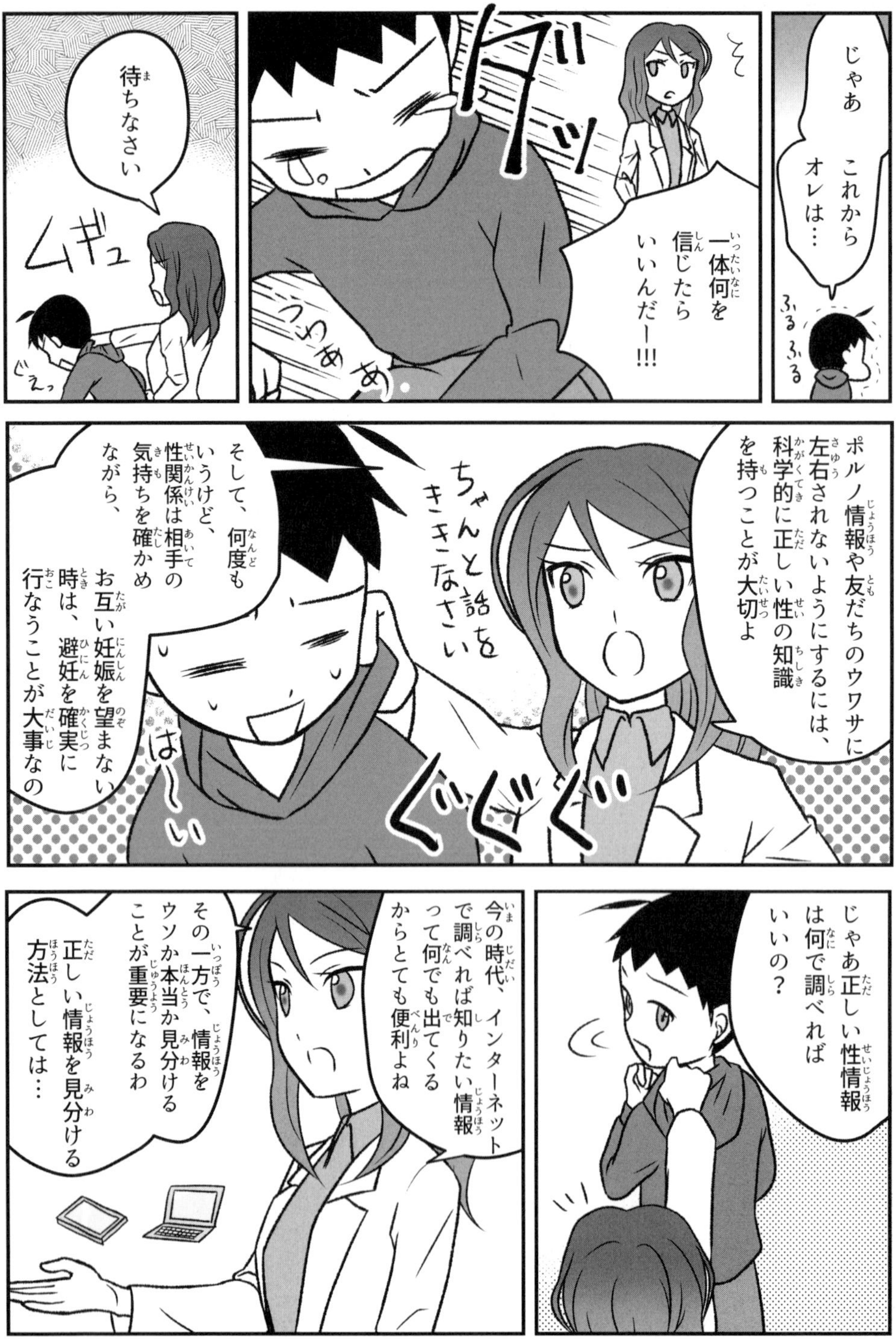

じゃあ　これから　オレは…
ふる　ふる
そ
一体何《いったいなに》を信《しん》じたらいいんだー!!!
ダッ
うわあああ
待《ま》ちなさい
ムギュ
ぐえっ
ポルノ情報《じょうほう》や友《とも》だちのウワサに左右《さゆう》されないようにするには、科学的《かがくてき》に正《ただ》しい性《せい》の知識《ちしき》を持《も》つことが大切《たいせつ》よ
ちゃんと話をききなさい
そして、何度《なんど》もいうけど、性関係《せいかんけい》は相手《あいて》の気持《きも》ちを確《たし》かめながら、お互《たが》い妊娠《にんしん》を望《のぞ》まない時《とき》は、避妊《ひにん》を確実《かくじつ》に行《おこ》なうことが大事《だいじ》なの
ぐいぐい
は〜い
じゃあ正《ただ》しい性情報《せいじょうほう》は何《なに》で調《しら》べればいいの?
今《いま》の時代《じだい》、インターネットで調《しら》べれば知《し》りたい情報《じょうほう》って何《なん》でも出《で》てくるからとても便利《べんり》よね
その一方《いっぽう》で、情報《じょうほう》をウソか本当《ほんとう》か見分《みわ》けることが重要《じゅうよう》になるわ
正《ただ》しい情報《じょうほう》を見分《みわ》ける方法《ほうほう》としては…

1 信頼《しんらい》できる機関《きかん》や専門家《せんもんか》の発信《はっしん》している情報《じょうほう》か確認《かくにん》する
医師○○先生監修
○○省調査
2 1つの情報《じょうほう》だけでなく、複数《ふくすう》の情報源《じょうほうげん》から判断《はんだん》する
他のソースもあたってみよう
情報
情報
情報
3 自分《じぶん》の体《からだ》や性《せい》で心配《しんぱい》なことがある時《とき》は、保健室《ほけんしつ》の先生《せんせい》や、病院《びょういん》・保健所《ほけんじょ》などで専門家《せんもんか》に相談《そうだん》する
…などがポイントよ
これは性情報《せいじょうほう》にかかわらずネットを使用《しよう》する際《さい》に気《き》をつけたいことね
そっか～今日《きょう》は先生《せんせい》の話《はなし》が聞《き》けてよかったよ
ありがとうあすか先生《せんせい》!
ふふ
今回《こんかい》は驚《おどろ》きの事実《じじつ》がたくさんあったものね
さっしーが情報《じょうほう》にふり回《まわ》されない、判断力《はんだんりょく》のある大人《おとな》になれるように応援《おうえん》しているわよ☆
ピッ

TO BE CONTINUED...

教えて!? あすか先生〜！

Q

女の子からの「セックスしたい」ってサインはあるの？

A

「家に来るのは女の子のOKサイン」「足を何度も組みかえたり髪の毛を触るのはセックスしたいというサイン」って思っている男の子がいるようだけど、それはファンタジー（妄想）の1つね。

大切なのは、サインが何かってことじゃなくて、もしそういう場面になった時には、2人でちゃんと話し合って決めるということ。まわりがしているからって性経験をあせる必要はないし、お互いどうしたいか話し合うことが2人の関係性をより深めていきます。本当に今セックスするべきか？　どうしてもする場合にはお互いが安心できるように、避妊や病気の予防などについてどうするかをきちんと話し合って決めてほしいわ。

Q

女の子はどんなセックスをしたいと思っているんですか？　早漏だと嫌われますか？

A

セックスが「気持ちよくて好き」という子もいれば、大人になっても「痛くて苦手……」という人もいます。たとえばマッサージでもどんなことが気持ちいいかは

人によって違うように、どんなセックスをしたいかも人それぞれ。
よく聞くのは「AVやマンガのマネをされて痛い思いやイヤな思いをした！」という女性の声。AVやマンガをセックスのお手本にするのだけはやめてほしいと思います。
早漏っていうのは、性交時、早く射精に達してしまうこと。ただ、時間の長い・短いという感じ方も人によって違います。「早漏はかっこ悪い」と思っている人が多いかもしれないけど、「性交が短い方がいい」と思っている女性もいるものです。
どうしても射精をコントロールできるようになりたいという人は、マスターベーションの時に射精しそうになるのをこらえる（おしっこを我慢する時と同じように力を入れる）練習をしてみたらどうかしら。

Q

風俗店って何ですか？

A

「風俗」とは「客に飲食や接待などを行い、又は、一定の設備で遊興させる営業のこと」と法律で定められています。たとえばよくあるのがキャバクラやクラブ、パチンコ店、ゲームセンターなど。質問の「風俗店」とは「性風俗店」のことね。これは性的なサービスを行なうお店のことです。
日本には数多くの性風俗店があり、サービスの種類もさまざまです。ただ性的な

教えて!? あすか先生〜!

サービスを行なうお店は法律で営業のためのルールが決められています。たとえば、男性器・女性器同士の性交は日本では「売買春」となって禁止されているし、もちろん子どもが働いたり、お客として利用したりすることもできません。
女子高校生が接客することを売りにしている「JK散歩」や「JKリフレ（リフレクソロジー）」、「JKカフェ」（JKとは「女子高生」の略）もあるけど、不適切な性的サービスや売買春のきっかけとなっているとして、最近は警察にお店が摘発されたり、働いている18歳未満の子が補導されたりすることが増えているわ。

LESSON 10

もし困ったら？ 性器のトラブルの対処法と予防法

男子トイレ
やばい、やばい…
アソコが赤《あか》くておしっこするとちょっと痛《いた》いんだけど…
これって…
ズドオオオーン
まさか…
性病《せいびょう》!?

選択肢《せんたくし》1
親《おや》に相談《そうだん》する
いやいや アソコの話《はなし》をまさか親《おや》には言《い》えねー
ムリ
選択肢《せんたくし》2
友《とも》だちに相談《そうだん》する
明日《あした》からオレのあだ名《な》が「赤《あか》チン」になってしまう！
イヤだ！
選択肢《せんたくし》3
放《ほう》っておく
…でも このまま悪化《あっか》したら…!?
ぬぬぬ
どーしよ… とりあえず部活《ぶかつ》には出《で》るか…
カチャ
ううう
ううう
ちょっと待《ま》ったー!!
うわっ！
さっしー、何《なに》かトラブル発生《はっせい》のようね！
ギョッ
ドヤヤ
あすか先生《せんせい》!?
ちょ、ちょっと トイレの中《なか》は さすがにまずいよ！

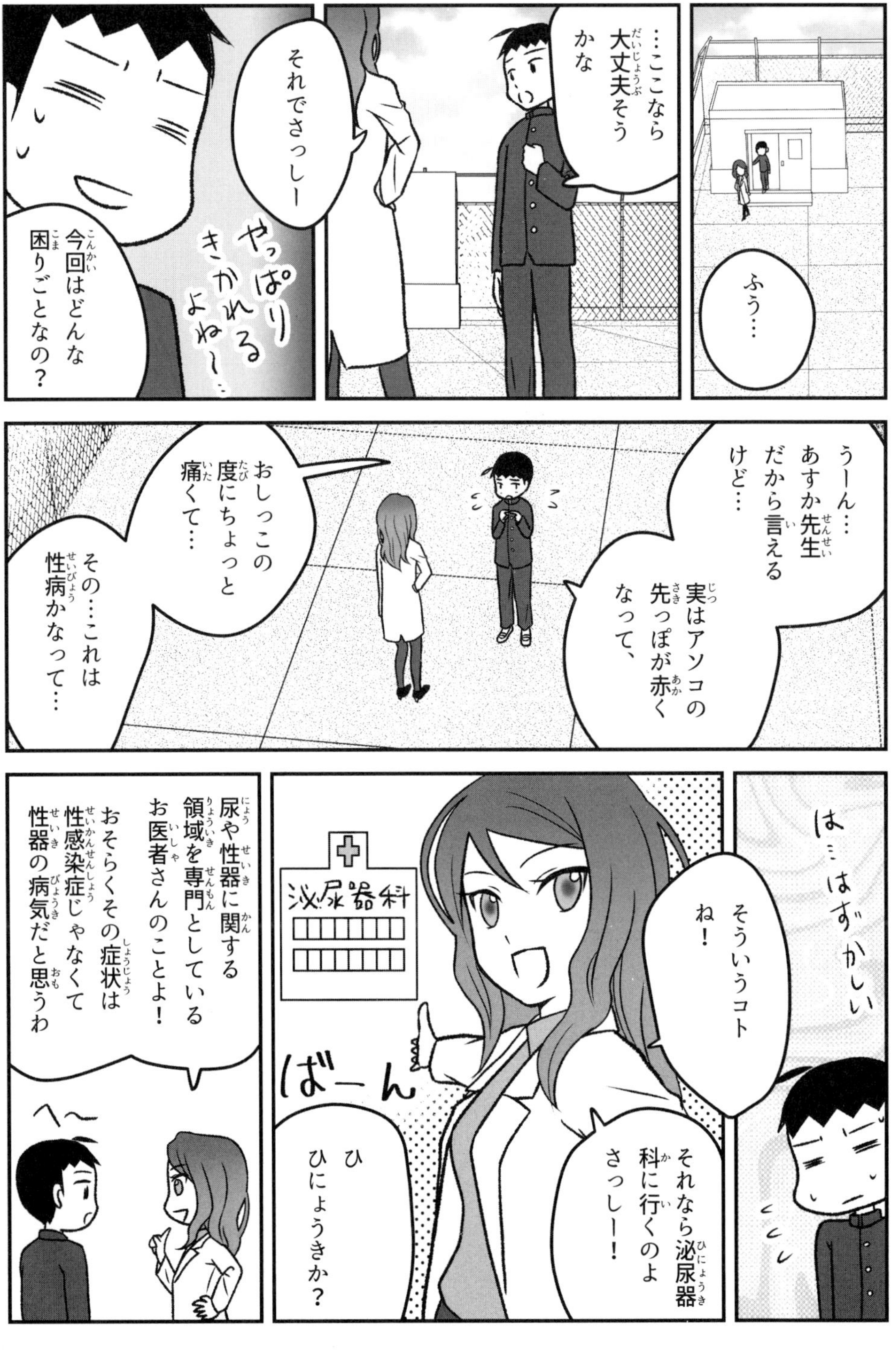
ふう…
…ここなら大丈夫《だいじょうぶ》そうかな
それでさっしー
やっぱりきかれるよねー…
今回《こんかい》はどんな困《こま》りごとなの？
うーん…あすか先生《せんせい》だから言《い》えるけど…
実《じつ》はアソコの先《さき》っぽが赤《あか》くなって、
おしっこの度《たび》にちょっと痛《いた》くて…
その…これは性病《せいびょう》かなって…
は‥はずかしい
そういうコトね！
泌尿器科
ばーん
それなら泌尿器《ひにょうき》科《か》に行《い》くのよさっしー！
ひ ひにょうきか？
尿《にょう》や性器《せいき》に関《かん》する領域《りょういき》を専門《せんもん》としているお医者《いしゃ》さんのことよ！
おそらくその症状《しょうじょう》は性感染症《せいかんせんしょう》じゃなくて性器《せいき》の病気《びょうき》だと思《おも》うわ
へ〜

性感染症《せいかんせんしょう》って性病《せいびょう》のこと?
? ?
そう、セックスによってうつる病気《びょうき》のことを性感染症《せいかんせんしょう》と言《い》うわ
さっしーはまだ未経験《みけいけん》だから心配《しんぱい》ないわね
たしかに
性感染症《せいかんせんしょう》は多《おお》くの種類《しゅるい》があって、その症状《しょうじょう》や病原体《びょうげんたい》はさまざまよ
性器《せいき》の接触《せっしょく》だけじゃなくて、口《くち》や肛門《こうもん》からも感染《かんせん》することがあるわ
ヒャッハー!
へぇ~どんな病気《びょうき》があるの?
ガラガラ
性感染症《せいかんせんしょう》の種類《しゅるい》
・クラミジア
・淋病《りんびょう》
・性器《せいき》ヘルペス
・HIV/エイズ
・梅毒《ばいどく》
・尖圭《せんけい》コンジローマ
日本《にほん》で多《おお》いのはクラミジアや淋病《りんびょう》ね
特《とく》に最近《さいきん》はさっしー達《たち》と同《おな》じ10代《だい》・20代《だい》の若《わか》い世代《せだい》に流行《りゅうこう》しているの
世界《せかい》では、毎日《まいにち》100万人以上《まんにんいじょう》が性感染症《せいかんせんしょう》に感染《かんせん》しているといわれているわ
えー!? そんなに!?
ガビーン
よくある症状《しょうじょう》として、男性《だんせい》の場合《ばあい》は尿道《にょうどう》から膿《うみ》が出《で》たり、性器《せいき》が赤《あか》く腫《は》れてかゆみ・痛《いた》みがあったりするわ
ひえええ
女性《じょせい》の場合《ばあい》は*おりものが増《ふ》えたり、色《いろ》やにおいが変《か》わったりもするわ

＊膣から出てくる分泌液。透明～白っぽい色で、少し粘り気がある。

ただ、症状《しょうじょう》がある病気《びょうき》はまだ親切《しんせつ》なのよ！
どーん
感染力《かんせんりょく》はあるけど、自覚症状《じかくしょうじょう》が現《あらわ》れない感染症《かんせんしょう》もあるの！
え～
症状《しょうじょう》がないなら大丈夫《だいじょうぶ》じゃないの
症状《しょうじょう》がないと、自分《じぶん》は大丈夫《だいじょうぶ》と思《おも》って他《ほか》の人《ひと》ともセックスをして、知《し》らない間《あいだ》に感染《かんせん》を拡《ひろ》げることになるのよ
ニヤリ
性病？オレはないよ
ほっ
チャンス!!
拡散成功!!
ＨＩＶ／エイズみたいに一度《いちど》感染《かんせん》すると、一生治療《いっしょうちりょう》が必要《ひつよう》な病気《びょうき》もあるの
女性《じょせい》が性感染症《せいかんせんしょう》にかかって、そのまま病気《びょうき》が進行《しんこう》すると将来《しょうらい》子《こ》どもができにくい体《からだ》になったり、赤《あか》ちゃんに感染《かんせん》してしまうこともあるのよ
ヒャッ
ヒャッ
ヒャッ
梅毒《ばいどく》などの深刻《しんこく》なケースだと赤《あか》ちゃんが障害《しょうがい》を持《も》って生《う》まれることもあるわ
ヒイィ
性感染症ってそんなにこわいの!?

じゃあ性感染症《せいかんせんしょう》に感染《かんせん》してるかどうやってわかるの？
性感染症 検査の心得
そうね、自分《じぶん》が性感染症《せいかんせんしょう》かどうか知《し》るためには…
1 保健所《ほけんじょ》や病院《びょういん》で検査《けんさ》を受《う》ける
HIV検査《けんさ》は保健所《ほけんじょ》で、無料《むりょう》・匿名《とくめい》で受《う》けることができるの 最近《さいきん》は検査《けんさ》キットをネット通販《つうはん》などで購入《こうにゅう》することもできるわ
そしてもし感染《かんせん》していたら…
2 パートナーと一緒《いっしょ》に病院《びょういん》で治療《ちりょう》する（一般的《いっぱんてき》に男性《だんせい》は泌尿器科《ひにょうきか》や皮膚科《ひふか》、女性《じょせい》は産婦人科《さんふじんか》）
自分《じぶん》だけ治《なお》しても、相手《あいて》からまた感染《かんせん》してしまうこともあるわ 相手《あいて》と一緒《いっしょ》に検査《けんさ》、治療《ちりょう》することが大事《だいじ》よ
3 完治《かんち》の再検査《さいけんさ》を受《う》ける
OK
症状《しょうじょう》が治《おさ》まったと思《おも》っても、菌《きん》やウイルスが残《のこ》っている場合《ばあい》があるから、再検査《さいけんさ》を受《う》けて完治《かんち》を確認《かくにん》してね！
あと、性感染症《せいかんせんしょう》は薬局《やっきょく》で売《う》っている薬《くすり》では治《なお》らないわ。自分《じぶん》で判断《はんだん》することもできないしね 異変《いへん》がある時《とき》は必《かなら》ず病院《びょういん》で診《み》てもらうように！
市販薬でいっか
コレはダメ!!

症状《しょうじょう》のない性感染症《せいかんせんしょう》の人《ひと》を見分《みわ》けることってできるの？
感染《かんせん》していても見《み》た目《め》ではわからないわね…
そっか〜…
性感染症《せいかんせんしょう》は遊《あそ》んでいる人《ひと》がかかるという病気《びょうき》じゃないわ
現在《げんざい》、特定《とくてい》の相手《あいて》としか関係《かんけい》をもっていなくてもその相手《あいて》の過去《かこ》の相手《あいて》の感染症《かんせんしょう》がうつることもあるのよ
ひええええ！
そんなことなら自分《じぶん》で予防《よぼう》するしかないじゃん！
ぐっ
病気《びょうき》にならないためにはどうしたらいいの？
性感染症《せいかんせんしょう》を予防《よぼう》するには、最《もっと》も確実《かくじつ》なのが①セックスをしないこと②コンドームを使《つか》うこと
ピルは、妊娠《にんしん》を防《ふせ》ぐことはできても性感染《せいかんせん》を防《ふせ》ぐことはできないわ
そっかーコンドームってスゲー
YEAH
そう、コンドームの正《ただ》しいつけ方《かた》を知《し》っておくのは大事《だいじ》なの！
スチャッ
ツギページへ急げ！
メガネ
ここでさっしーに失敗《しっぱい》しないコンドームのつけ方《かた》を伝授《でんじゅ》するわ！

あすか先生《せんせい》のコンドームレッスン

正《ただ》しいコンドームのつけ方《かた》をマスターして、確実《かくじつ》に避妊《ひにん》や性感染症《せいかんせんしょう》の予防《よぼう》をしましょう！

1

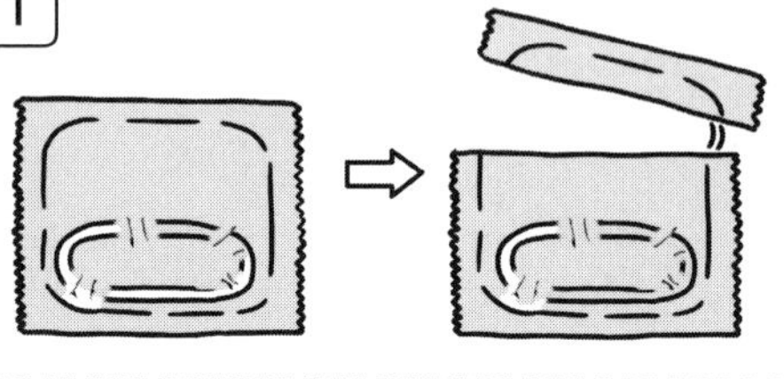

コンドームを端《はし》にずらし、
袋《ふくろ》の封《ふう》を完全《かんぜん》に切《き》り取《と》る。

2

爪《つめ》を立《た》てずにコンドームを取《と》り出《だ》す。
表裏《おもてうら》を確認《かくにん》し、先端《せんたん》をつまみ空気《くうき》を抜《ぬ》く。

3

勃起《ぼっき》したペニスの皮《かわ》を根元側《ねもとがわ》に寄《よ》せた後《あと》、
コンドームをかぶせて根元《ねもと》まで下《お》ろす。

毛《け》を巻《ま》き込《こ》まないように注意《ちゅうい》！つけるのに
失敗《しっぱい》したら捨《す》てて新《あたら》しいもので再《さい》チャレンジ！

4

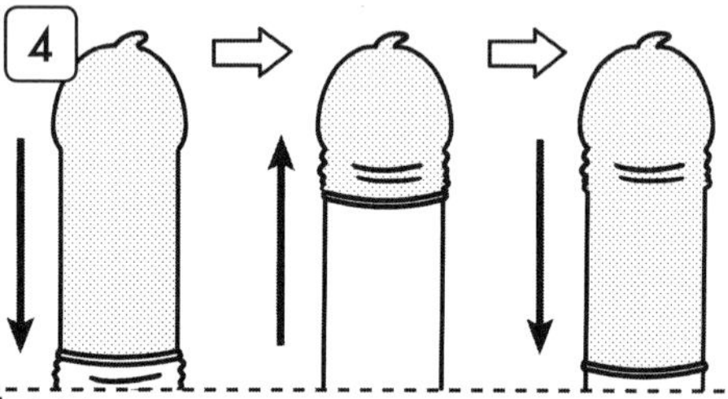

根元《ねもと》までおろしたコンドームを皮《かわ》と
一緒《いっしょ》に引《ひ》き上《あ》げて、もう一度《いちど》下《お》ろす。

5

射精後《しゃせいご》はすぐにコンドームをおさえながら
ペニスを抜《ぬ》き出《だ》し、コンドームを外《はず》す。

万《まん》が一《いち》、精液《せいえき》がもれたり、コンドームが破《やぶ》れてしまった時《とき》は、緊急避妊《きんきゅうひにん》の方法《ほうほう》があります！ （P100 参照《さんしょう》）

6

口《くち》をしばってティッシュに包《つつ》んで
捨《す》てる。

射精前《しゃせいまえ》の透明《とうめい》な分泌液《ぶんぴつえき》にも精子《せいし》が入《はい》っているので
性器《せいき》が触《ふ》れ合《あ》う前《まえ》にコンドームをつけること！
より確《たし》かな避妊《ひにん》のためには、低用量《ていようりょう》ピルとの併用《へいよう》が
オススメよ！

あと、コンドームは保管方法《ほかんほうほう》にも注意《ちゅうい》が必要《ひつよう》なの
コンドーム保管 3つの注意点
20×7.10.26
CONDOM
1 コンドームの使用《しよう》期限《きげん》を確認《かくにん》しておく
パッケージに記載《きさい》があるわよ
2 直射日光《ちょくしゃにっこう》のあたる場所《ばしょ》、高温多湿《こうおんたしつ》の場所《ばしょ》、防虫剤《ぼうちゅうざい》がある場所《ばしょ》に保管《ほかん》しない
CONDOM
3 持《も》ち歩《ある》く時《とき》は、傷《きず》つけてしまう可能性《かのうせい》が高《たか》い財布《さいふ》には入《い》れない
コンドームケースやアルミの名刺《めいし》ケースなどが便利《べんり》よ
あと、硬貨《こうか》と一緒《いっしょ》に入《い》れないようにね
相手《あいて》が性感染症《せいかんせんしょう》に感染《かんせん》していたとしても、コンドームを使《つか》うことで自分《じぶん》の体《からだ》を守《まも》ることができるわ*
その逆《ぎゃく》も然《しか》りね
むんっ
性生活《せいせいかつ》がはじまれば性感染症《せいかんせんしょう》は「性活習慣病《せいかつしゅうかんびょう》」といえるくらい風邪《かぜ》みたいにかかることだってあるの
そんなものなの!?
だから、「風邪予防《かぜよぼう》にマスク」と同《おな》じように「性感染症予防《せいかんせんしょうよぼう》にはコンドーム」が大事《だいじ》なことなの
そうなんだー

＊ただし、ヘルペスや尖圭コンジローマなど一部の性感染症は、コンドームをしていても感染することがあります。

後日《ごじつ》
泌尿器科
よくある亀頭包皮炎《きとうほうひえん》ってやつだね
ちょっとバイ菌《きん》がはいっちゃったみたいだから、これからはきちんと性器《せいき》も洗《あら》うようにしてみて
大丈夫《だいじょうぶ》、すぐ治《なお》るよ
よかったぁ
ほっ
指原君《さしはらくん》は自分《じぶん》で来《き》てえらいなー
これからも何《なに》かあったら相談《そうだん》してね
あっ ありがとうございます!
自分《じぶん》の体《からだ》を自分《じぶん》で管理《かんり》できるのも
大人《おとな》への一歩《いっぽ》かな…
TO BE CONTINUED...

教えて!? あすか先生〜!

Q 性器にぶつぶつが！　これって性感染症!?

A

性器にぶつぶつができる症例として、フォアダイスという放置して大丈夫なものと、尖圭《せんけい》コンジローマという性感染症があります。

フォアダイスは、亀頭部分にできる1〜2㎜程の小さなぶつぶつ。亀頭にできるにきびのようなもので、病気ではないから安心して。セックスでだれかに感染することもないので、放置してかまいません。どうしても気になる場合は、泌尿器科などで切除することもできます。

尖圭コンジローマは、ＨＰＶというウイルス（詳しくはつぎのページ参照）が原因で、セックスで感染してできるイボのこと。フォアダイスよりも大きく、放置すると急激に数が増えて、5〜10㎜以上のカリフラワー状に成長することもあります。この場合は一刻も早く泌尿器科や皮膚科を受診し、治療するようにしてください。それ以外にも性器が普段と違うな、何かおかしいなと感じた時は、医師に相談するとよいでしょう。

Q エイズってどんな病気なの？

教えて!? あすか先生～!

A

エイズはＨＩＶ（ヒト免疫不全ウイルス）の感染によって引き起こされる性感染症の1つです。ＨＩＶ感染から数年～15年程の潜伏期間のうちに、体の抵抗力がどんどん落ちていき、さまざまな病気にかかりやすくなってしまうのがエイズです。ＨＩＶは主にセックス、血液（注射の回し打ちや輸血・血液製剤）、母子感染の３つの感染経路があります。現在では、感染経路の大部分がセックス。ＨＩＶは感染者の血液や精液・膣分泌液《ちつぶんぴつえき》に多く含《ふく》まれていて、セックスをすると粘膜《ねんまく》から侵入《しんにゅう》・感染します。だ液などの他の体液にはほとんど含まれていないので、せき・くしゃみや握手、軽いキスやプールなど、日常的な接触ではエイズはうつりません。

たしかにエイズが発症すると最悪の場合死に至るけど、今の日本では医療技術が発達したおかげで、検査を受ければエイズが発症する前の早い段階でＨＩＶ感染がわかります。また、ＨＩＶに感染していても、コンドームをつけていればセックスで相手に感染させることはないし、子どもに感染しないように妊娠・出産をすることも可能です。きちんと治療を受けていればＨＩＶに感染していても普通に働き、日常生活を送れるようになってきているのです。だからこそ、早い時期の発見・対応が大切になります。

エイズ予防財団によれば、２０１３年末現在、世界のＨＩＶ陽性者数は３５００万人、新規ＨＩＶ感染者数は年間２１０万人（２００１年より38％減）、エイズによる死亡者数は年間１５０万人（２００５年より35％減）と推定されます。

世界各地は対策が一定の効果を上げている一方で、日本の新規ＨＩＶ感染者数は

２０１３年で１１０６件。２００７年以降、年間１０００件以上報告されていて、２０１３年は過去2位の報告数となりました。日本は、ＨＩＶ感染者数自体は少ないし、その治療技術は高いものの、新規ＨＩＶ感染の予防という点では性教育を含めまだまだ課題があります。

Q

子宮頸《けい》がんはセックスでうつる病気ってホント？　病気にならないためにはどうしたらいいの？

A

子宮頸がんは、女性の子宮の入り口部分（子宮頸部）にできるがんで、とくに若い世代で増加中の病気です。日本では1年間に約１万人の女性が発症し、毎年約３０００人が亡くなっています。がんが進行してしまうと、子宮を摘出する手術が必要になり、その後妊娠できなくなってしまう場合もあります。

子宮頸がんの原因のほとんどは、ＨＰＶ（ヒトパピローマウイルス）というセックスによって感染するウイルスであることがわかっています。ＨＰＶはとてもありふれたウイルスで、海外では性経験のある女性の約50〜80％が一生に1度は感染することがあるといわれているの。ＨＰＶに感染しても、ほとんどの場合は体の免疫で自然に消えるんだけど、ごく一部のＨＰＶ感染が長い期間続くとがんになることがあります。セックスを体験する前に「子宮頸がん予防（ＨＰＶ）ワクチン」を接種すると、子宮頸がん全体の50〜70％の原因とされる一部のHPV感染の可能性を減らすことができます。ただ、ワクチン接種後に痛みなどのトラブルが一定の頻度で発生しているため、ワクチンのメリットとリスクを理解したうえで接種を選択することが必要です。また、子宮頸がんは初期には自覚症状がないので、ワクチンを接種していても、20歳を過ぎたら定期的な子宮頸がん検診の受診が大切です。しかし日本の受診率は20％〜30％。他の欧米諸国が70％以上であるのと比べると、とても低く、これは大きな課題です。

ちなみにHPVは男性にも感染し、それによって尖圭コンジローマというイボができたり、子宮頸がんよりも数は少ないけど、陰茎《いんけい》がんや肛門《こうもん》がん、口の中のがんの発生にもつながることがわかってきています。より詳しい情報や最新情報については、各市区町村の予防接種担当課や、厚生労働省のHP*などで確認してみてね。

教えて!? あすか先生〜!

Q

男性同士のセックスでも性感染症はうつるの？

A

同性同士の性行為でも、異性間の性行為と同様に性器や肛門、口などの粘膜《ねんまく》と感染源との接触があれば、性感染症にかかる可能性はあります。だから、男性同士のセックスでは妊娠はしないけど、性感染症予防のためにコンドームは必要よ。

＊ヒトパピローマウイルス感染症とは（2015年3月）
http://www.mhlw.go.jp/bunya/kenkou/kekkaku-kansenshou28/hpv/

LESSON 11 なんで自分を傷つけるの？

!?
…じゃ
あ
ありがと…
…
ひぃぃぃぃ〜〜〜!!
今《いま》のがまさか
リスカってやつか!?
佐々木《ささき》って目立《めだ》たない暗《くら》いやつだと思《おも》っていたけど…
これ以上《いじょう》近《ちか》づかないでおこう!
自殺未遂
メンヘラ
精神病
ぞわわわわ

…ん？
あれ…？
萌《もえ》ちゃん
佐々木《ささき》ともしゃべるんだ…
…ハッ!!
萌《もえ》ちゃんも！
ギャーン
萌《もえ》ちゃんもアイツにはかかわらない方《ほう》がいいんじゃないか!?
…っていうのを偶然《ぐうぜん》見《み》かけちゃって…
余計《よけい》なお世話《せわ》かもしれないけど…
その…佐々木《ささき》とはあまりかかわらない方《ほう》がいいんじゃないかって
あせあせ
…

何《なに》かと思《おも》えば…
は〜
さっしー、
ササは、大事《だいじ》な友《とも》だちなんだよ！
めっちゃキュンキュンする〜ねぇ〜！
マンガ
うん…
それはそうかもしれないけど…
佐々木《ささき》がリスカしてるの
萌《もえ》ちゃんも知《し》ってたの？
…うん
本当《ほんとう》は、だれにも言《い》わないでって言《い》われてるんだけど…
傷跡《きずあと》を見《み》つけて「どうしたの？」って聞《き》いたら
「大《たい》したことじゃない」って…
大《たい》したことじゃないから、気《き》にしないで…
ただ、切《き》ると、ちょっと気持《きも》ちが落《お》ち着《つ》くの
そんなことやめた方《ほう》がいいよ！もうしちゃダメだよ！

そうだよね…
自分《じぶん》でももうしたくないと思《おも》ってる
今度《こんど》やったら友《とも》だちやめるからね！約束《やくそく》だよ！
…うん、わかった
萌《もえ》ちゃん、このことはだれにも言《い》わないでね…
…でもまだこっそり切《き》ってるみたいで…
そうだよね
自分《じぶん》が思《おも》ってるよりササにとって私《わたし》は
そんな大事《だいじ》な友《とも》だちじゃないのかなって
正直《しょうじき》…
ササが怖《こわ》いって気持《きも》ちもちょっとあって…
私《わたし》、友《とも》だちなのに冷《つめ》たいよね…
ぎゅ…
あ、この話《はなし》はだれにも言《い》っちゃだめだよ！

その夜《よる》…
eu
22:30
75%
www.3ch.net
【1】リスカ跡のある友達のことどう思う？
1：優しい名無しさん
友達の手首に
リスカ跡があった。
どう接していいのか
わからない意見とか
アドバイスキボン
862 :優しい名無しさん:2015/03/19(木) 13:03:49.50 ID:dgAtYdbO0
ただのメンヘラだろ
863 :優しい名無しさん:2015/03/19(木) 13:03:56.00 ID:YGo3Q+Of0
おれもあるよ
864 :優しい名無しさん :2015/03/19(木) 13:04:19.54 ID:WIWQSAm60
キモwwww
865 :優しい名無しさん :2015/03/19(木) 13:04:46.51 ID:rdZ3f5gy0
切りたきゃ切ればいいだろ
866 :優しい名無しさん :2015/03/19(木) 13:04:52.74 ID:PIOuK3qJ0
そういう子もいるだろ。元カノがそうだった
867 :優しい名無しさん :2015/03/19(木) 13:06:07.94 ID:+QqAXC7B0
誰にも迷惑かけずに早く消えろや
868 :優しい名無しさん :2015/03/19(木) 13:06:08.85 ID:viDFpv540
そういうお前もクズだろｗｗ
869 :優しい名無しさん :2015/03/19(木) 13:06:10.95 ID:x+NVd9oJ0
なんかあるなら言ってほしいって思うかな･･･
870 :優しい名無しさん :2015/03/19(木) 13:06:32.28 ID:csqZSbV80
医者に相談しろよ
うぅううぅ　うぅん
あら　あら
さっしーは今日《きょう》も一段《いちだん》と悩《なや》める男子《だんし》ね！
あすか先生《せんせい》!!
ドドーーン

今日《きょう》はどうしたの？
実《じつ》は…
クラスにリスカしてる子《こ》がいて、どう接《せっ》していいのかわからなくて…
なるほどね
自分《じぶん》をわざと傷《きず》つける行為《こうい》のことを『自傷《じしょう》』というんだけど
最近《さいきん》は中高生《ちゅうこうせい》の中《なか》でもめずらしいことじゃなくなってきているわ
ところで、その子《こ》はさっしーにどうしてほしいと思《おも》っているかしら？
うーん
うーん、オレはそんなに仲良《なかよ》くないから、放《ほう》っておいてほしいんじゃないかな
ただ、その子《こ》と仲《なか》のいい友《とも》だちがいて、悩《なや》んだり影響《えいきょう》されるのは心配《しんぱい》で…
あら！
その『お友《とも》だち』にはずいぶんやさしいのね！
うふふ
ぎくぅっ
そ、そそそんなことより！本題《ほんだい》！
はいはい

そもそも、なんで自分《じぶん》を傷《きず》つけるのかがよくわからないんだけど…
？
う――――ん
本当《ほんとう》に死《し》にたいのか、だれかのマネなのか、関心《かんしん》を引《ひ》きたいのかなぁ
それは違《ちが》うわ、さっしー！
ゴッ
ぶふぉっ
自傷《じしょう》をする多《おお》くの人《ひと》は、「気持《きも》ちが落《お》ち着《つ》く」「イライラが解消《かいしょう》する」と言《い》っているの
リスカで気持ちが落ち着く？
体《からだ》に痛《いた》みを与《あた》えると、脳内《のうない》から痛《いた》みを和《やわ》らげる物質《ぶっしつ》が出《で》て、心《こころ》の痛《いた》みを少《すこ》し和《やわ》らげると言《い》われているわ
え！ そんな効果《こうか》があるんだ！
痛みを和らげろ！
落ち着く～……
だからつらい気持《きも》ちを抱《かか》え込《こ》んだ時《とき》に傷《きず》つけてしまうの
タバコやアルコール、ドラッグにも同《おな》じような効果《こうか》があるわね
ただ、注意《ちゅうい》しなければいけないのは、これらは一時的《いちじてき》な効果《こうか》にすぎないということ
つらい気持《きも》ちを生《う》み出《だ》している問題《もんだい》が解消《かいしょう》されなければ、やめられなくなっていくの
この痛《いた》みを抑《おさ》える脳内物質《のうないぶっしつ》は麻薬《まやく》と同《おな》じようにやればやる程《ほど》効果《こうか》が落《お》ちてくるのよ

どんどん回数《かいすう》が増《ふ》えて、さらにつらい気持《きも》ちがコントロールできなくなってしまう
もとやらないと落ち着けない！
やってもつらいし、やらなくてももっとつらい…
やめたいのにやめられない…
生《い》き延《の》びるために切《き》っていても、自分《じぶん》を責《せ》めたり、罪悪感《ざいあくかん》を抱《いだ》いてしまう
死にたい…
消えたい…
自責
罪悪感
最終的《さいしゅうてき》には、「消《き》えたい」「死《し》にたい」って気持《きも》ちが強《つよ》くなってしまう子《こ》もいるわ
じゃあやっぱり、すぐにでもやめさせないと！
それはちょっと待《ま》った！
ダッ
ぐっ
ぎゅむっ
自傷《じしょう》が習慣《しゅうかん》になっている段階《だんかい》でいきなりやめさせるのはむずかしいことなの
そうなんだ…
一方的《いっぽうてき》に「してはダメ！」と約束《やくそく》させることで、逆《ぎゃく》にその子《こ》を孤立《こりつ》させてしまうこともあるわ
したらダメ…
うっうん…
またやったらきらわれる…
もう頼れる人はいないのかな…

相談《そうだん》された方《ほう》が状況《じょうきょう》を改善《かいぜん》してあげることもだれかに相談《そうだん》することもできずにふり回《まわ》されてつらくなってしまうこともあるのよ
だれにも言わないで…
またやってる！
そういえば、萌《もえ》ちゃんも…
友だち失格だよね…
自傷《じしょう》はつらい気持《きも》ちへの対処方法《たいしょほうほう》として一番《いちばん》いい方法《ほうほう》ではないけど、最悪《さいあく》な方法《ほうほう》ってわけでもないわ
もし自傷《じしょう》をしている子《こ》がいたら、それは助《たす》けを求《もと》めるSOSサインよ
SOS
見《み》て見《み》ぬフリはせずに、「何《なに》か悩《なや》みごとがあるの？」「あなたの助《たす》けになりたい」と伝《つた》えて
ただ、これは子《こ》どもたちだけでどうにかできる問題《もんだい》ではないわ
信頼《しんらい》できる大人《おとな》につなげることが必要《ひつよう》よ
え、でも「だれにも言《い》わないで」って…
そこが問題《もんだい》なのよ！

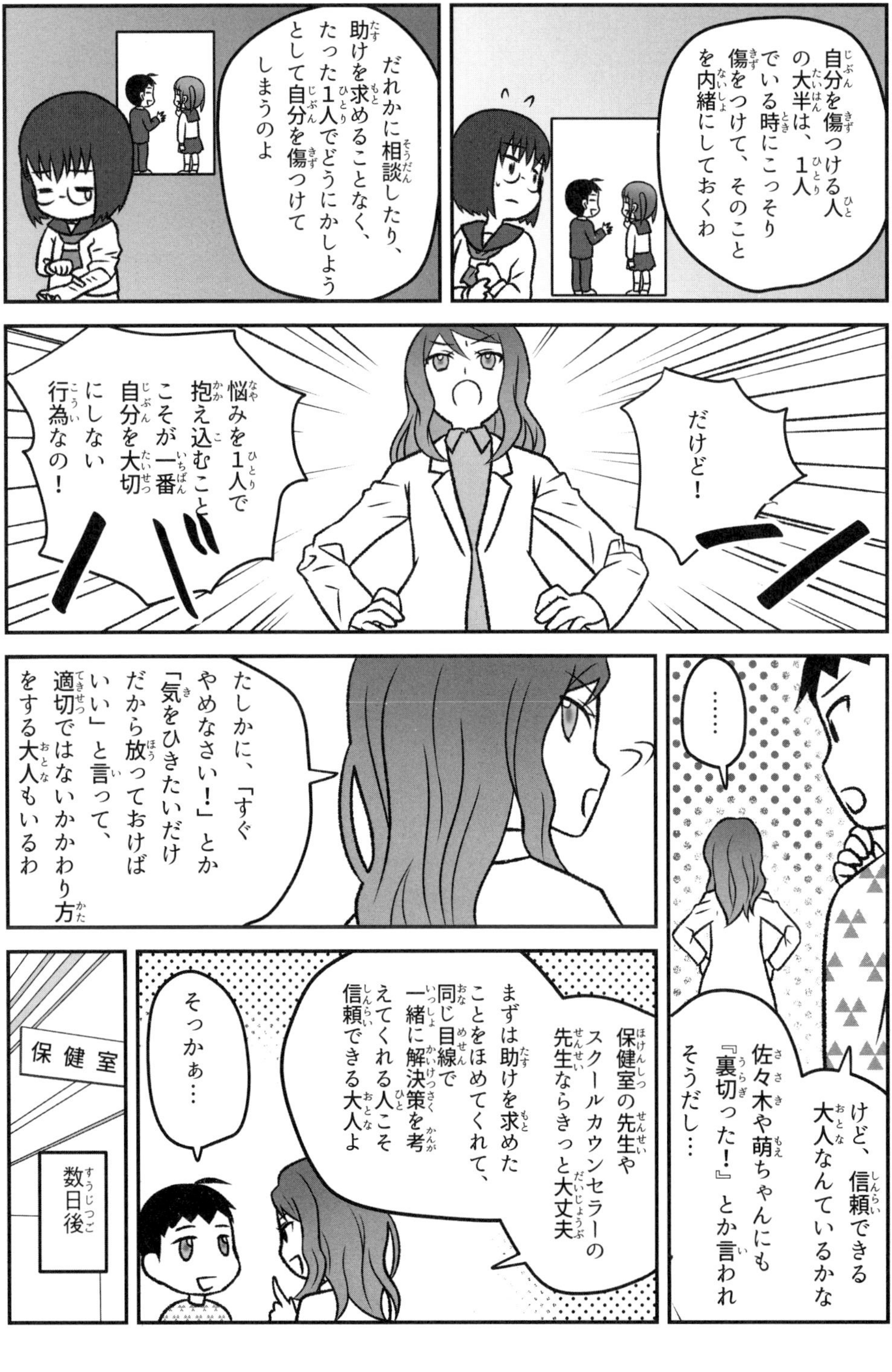
自分《じぶん》を傷《きず》つける人《ひと》の大半《たいはん》は、1人《ひとり》でいる時《とき》にこっそり傷《きず》をつけて、そのことを内緒《ないしょ》にしておくわ
だれかに相談《そうだん》したり、助《たす》けを求《もと》めることなく、たった1人《ひとり》でどうにかしようとして自分《じぶん》を傷《きず》つけてしまうのよ
だけど！
悩《なや》みを1人《ひとり》で抱《かか》え込《こ》むことこそが一番《いちばん》自分《じぶん》を大切《たいせつ》にしない行為《こうい》なの！
……
けど、信頼《しんらい》できる大人《おとな》なんているかな
佐々木《ささき》や萌《もえ》ちゃんにも『裏切《うらぎ》った！』とか言《い》われそうだし…
たしかに、「すぐやめなさい！」とか「気《き》をひきたいだけだから放《ほう》っておけばいい」と言《い》って、適切《てきせつ》ではないかかわり方《かた》をする大人《おとな》もいるわ
保健室《ほけんしつ》の先生《せんせい》やスクールカウンセラーの先生《せんせい》ならきっと大丈夫《だいじょうぶ》
まずは助《たす》けを求《もと》めたことをほめてくれて、同《おな》じ目線《めせん》で一緒《いっしょ》に解決策《かいけつさく》を考《かんが》えてくれる人《ひと》こそ信頼《しんらい》できる大人《おとな》よ
そっかぁ…
保健室
数日後《すうじつご》

あら
あなたたち
どうしたの？
先生《せんせい》、ちょっと相談《そうだん》があって
相談《そうだん》？どんなこと？
もし、友《とも》だちでリスカしている子《こ》がいたら…
先生《せんせい》だったらどうしますか？
うーん それは心配《しんぱい》だね
私《わたし》だったら相談《そうだん》にのりたいと思《おも》うな
でも、もし自分《じぶん》が中学生《ちゅうがくせい》だったら、一緒《いっしょ》に解決《かいけつ》するのはむずかしいかも
だから、大人《おとな》に相談《そうだん》するのをお手伝《てつだ》いしてあげるかな
実《じつ》は、名前《なまえ》は言《い》えないんだけど、ちょっと心配《しんぱい》な子《こ》がいて…
…そうなんだ、よく相談《そうだん》してくれたね！
ほっ
じゃあ一緒《いっしょ》に作戦《さくせん》を練《ね》ろう！
その後《ご》、萌《もえ》ちゃんの説得《せっとく》で、佐々木《ささき》は保健室《ほけんしつ》の先生《せんせい》に相談《そうだん》しにいった
それから、定期的《ていきてき》にカウンセリングに通《かよ》って、徐々《じょじょ》にリスカも落《お》ち着《つ》いてきたそうだ
必要《ひつよう》な時《とき》に助《たす》けを求《もと》められることが大切《たいせつ》なんだな
TO BE CONTINUED...

教えて!? あすか先生〜!

Q 自傷をしている子ってどのくらいいるの？ 自殺をする子ってどのくらい？

A 最近の調査では、日本の10代の若者の約10人に1人が自傷をしていると報告されています。一方、子どもの自傷行為に気づいている大人は全体の約30分の1しかいないという調査結果が出ています。そして、過去に1回でも自傷行為をしたことのある人は、そうでない人に比べて、10年後に自殺によって命を落とす確率が400〜700倍高いといわれています。[*] たとえその時は命を落とすことのない自傷行為であったとしても、適切なケアを受けられないことで自殺に発展していく危険が高まることを意味しています。

ちなみに2013年中の10代の自殺者は546人で、約2万2000人に1人の割合で存在する計算になります（厚生労働省「人口動態統計」より）。10代の自殺者全体に占める割合は2%くらいだけど、政府も若者の自殺率を深刻視しているようです。と言うのも、15〜34歳の若い世代で死因の第1位が自殺となっているのは、先進7カ国では日本のみだからです（内閣府「平成25年版自殺対策白書」より）。

もしあなたのまわりに「生きているのがつらい」「死にたい」って言う子がいたら、いきなり「死んじゃダメ！」と言うのではなく、「どうして死にたいと思うの？」「あなたのことが心配だよ」と伝えながら話を聞いてあげて。そこから信頼できる大人

＊ Owens D, Horrocks J, House A. Fatal and non-fatal repetition of self-harm：Systematic review. Br J Psychiatry 181：193-199, 2002.

や専門家につなげていくことが大事です。

教えて!? あすか先生〜!

A　Q

摂食障害ってどんな病気ですか？

摂食障害は、精神疾患／依存症《いぞんしょう》の一種です。はじまるきっかけは個々人でちがいますが、やせていることが賞賛される文化や、家庭環境、完璧主義的な心理傾向やコンプレックスなどが複雑に絡み合うことで起きるといわれています。

摂食障害には食事をほとんどとらなくなってしまう「拒食症」と、その逆に極端に大量に食べてしまう「過食症」があります。拒食症では、食事量が減る、低カロリーのものしか食べないことから体重が極端に減る、女性は月経がこなくなるといった症状があります。過食症は、いったん食べはじめるとやめられない、たくさん食べては吐いたり下剤を飲むことをくり返ししてしまうという症状です。

せっかく努力して減らした体重が増えることが嫌で、本人がなかなか治療したがらないことも多く、栄養状態が悪くなることで最悪死に至ることもあります。背景にはさまざまなストレスが要因となっていることが多く、周囲の人の理解やサポートが重要です。

Q

タバコやお酒は、なぜ子どもはいけないの？

A

思春期のあなたたちの脳はまだまだ発育途中。そんな時期にタバコやお酒をはじめると、脳がダメージを受け、考える力が低下したり、依存症になりやすくなってしまいます。

喫煙《きつえん》は、酸素が体中にいきわたらず身長が伸びない原因になったり、息切れしやすくなって運動能力や体力に影響《えいきょう》が出ることもあります。早い時期に吸いはじめる程、がんや心臓病で亡くなる危険性が高くなるのです。タバコを吸う人の死亡率は、吸わない人と比べて男性は1・6倍、女性は1・9倍高いことがわかっています。*

飲酒は、アルコールを体内で分解する力が弱い子どものうちはとくに影響を受けやすいので、酔いが暴力や迷惑行為につながったり、一気飲みをして急激に体のアルコール濃度が上がると、意識を失ったり、最悪死に至ることもあります。

だから、たとえ身近な人にすすめられても絶対に断ること！　タバコ・お酒は健康への影響があるものだから、大人になってからもマナーを守って適正な量で楽しむことが大切よ。

＊ Hara M, Sobue T, Sasaki S, Tsugane S. Smoking and risk of premature death among middle-aged Japanese：ten-year follow-up of the Japan Public Health Center-based prospective study on cancer and cardiovascular diseases（JPHC Study）cohort I. Jpn J Cancer Res. 2002 Jan;93（1）：6-14.

教えて!? あすか先生〜!

Q

ドラッグってどんなものがあるんですか？　どう危険なの？

A

ドラッグは麻薬（大麻）、覚せい剤、コカイン、ヘロインなど、いろんな種類があります。中には合法と言ったり、お香やハーブとして売っているものもあるけど、それらは「危険ドラッグ」といわれる有害な薬物よ！　危険ドラッグは、麻薬や覚せい剤の化学構造を少し変えただけで、体への悪影響は変わらないか、それ以上危険な成分が含まれていることもあります。

そして、ドラッグは何度も使っているうちに体がどんどん薬物になれてきて、使う量や回数を増やさないと最初に使った時と同じような効果が得られなくなります。そうやって脳にダメージを与えることで最悪の場合は死に至ってしまう程危険なものよ。

実際にはないものが見える・聞こえる（幻視・幻聴など）、疲労感でぐったりする、集中力や学習力の低下につながってしまうこともあるのよ。その結果、学校に行かなくなったり、友だちや家族との信頼関係まで壊してしまうことになります。好奇心から気軽に試してみようと思うのはとても危険よ。もし薬物をやっている友だちがいたら、信頼できる大人に相談してください。

LESSON 12 どうする？　スマホ・ネットとのおつき合い

まんねー
おまえ
ゆうすけ
うっせ、死ね！
こうた
まじでウゼエ
こうたがゆうすけを退会させました
こうた
ゆうすけマジでノリ悪いから外したわ
まっちゃん
ゆうすけもこうたもマジギレwww
ケン
あー
めんどくさー
どくさー
ケン
つーかほんとねみー。今日はもう寝るわ
こうた
おお、じゃなおれも寝るわ
まっちゃん
おやすみ
なんか言《い》い合《あ》いになってる…
ゆうすけがグループから外《はず》された！
え～…
う～ん
これってなんか
モヤモヤするな…
さっしー！
今度《こんど》はスマホのことでお悩《なや》みね！

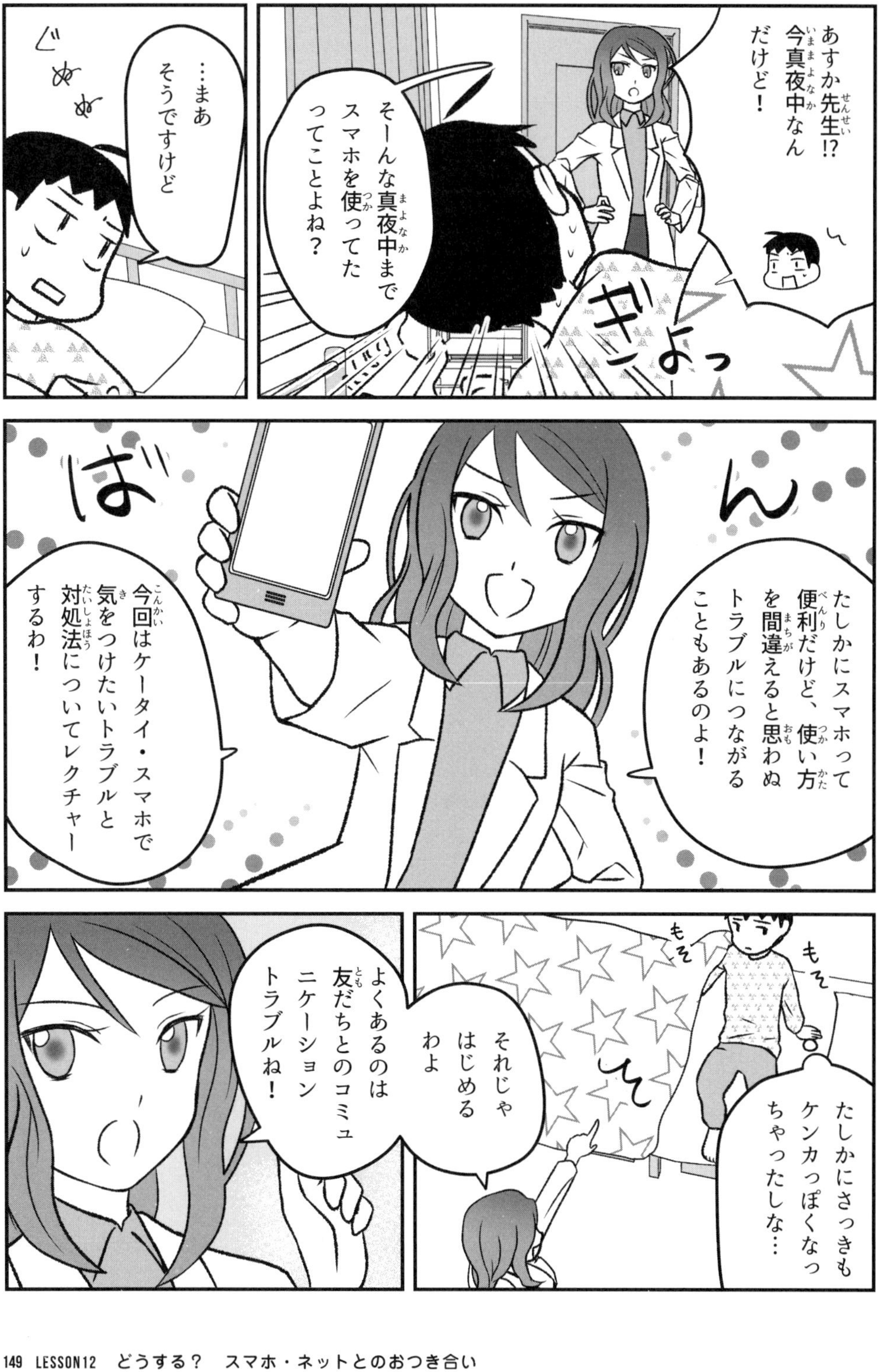
あすか先生《せんせい》!?
今真夜中《いままよなか》なんだけど!
ぎょっ
そーんな真夜中《まよなか》までスマホを使《つか》ってたってことよね?
…まあそうですけど
ぐぬぬ
ばん
たしかにスマホって便利《べんり》だけど、使《つか》い方《かた》を間違《まちが》えると思《おも》わぬトラブルにつながることもあるのよ!
今回《こんかい》はケータイ・スマホで気《き》をつけたいトラブルと対処法《たいしょほう》についてレクチャーするわ!
たしかにさっきもケンカっぽくなっちゃったしな…
もそ
もそ
それじゃはじめるわよ
よくあるのは友《とも》だちとのコミュニケーショントラブルね!

SNSアプリでのトラブル
・短い言葉やスタンプで誤解したり傷ついたりする
・相手から返事がこないことにイラつく
・相手から返事がまだかと急かされる
・知らない間にグループから外されたり、勝手にグループに入れられたりする
無料《むりょう》アプリでのコミュニケーションは気軽《きがる》だし、連絡《れんらく》を取《と》るのも楽《らく》よね
ただ、ケンカやイライラの原因《げんいん》になってしまうことがあるのもたしかね
返事まだ!?
ウザイ キモイ
グループ外されてる…!?
その他《ほか》にも動画《どうが》サイトやアプリからの課金《かきん》トラブルやワンクリック詐欺《さぎ》があるわ
ぐふふ
そして
ご登録ありがとうございます
インストール完了
ご請求額 99,900円
これ支払わなきゃいけないの!?
SNSアプリや掲示板《けいじばん》サイトで知《し》らない人《ひと》から悪口《わるくち》を言《い》われたり、会《あ》おうと誘《さそ》われるトラブルも多《おお》いわね
From:＊＊＊
お前バカ？
何だよとつぜん!
＊＊＊ ＊＊＊
何さい？どこ住み？
ど…どうしよう…
犯罪《はんざい》に巻《ま》き込《こ》まれるような深刻《しんこく》なトラブルもあるから注意《ちゅうい》が必要《ひつよう》よ!
まじか
犯罪!?

ネット上《じょう》で、プライベートな写真《しゃしん》や動画《どうが》、個人情報《こじんじょうほう》を勝手《かって》に公開《こうかい》したり、
みんなで1人《ひとり》の子《こ》の悪口《わるくち》を言《い》ったりするのは、ネットいじめともいわれているわね
3－2裏コミュ
○○、マジウザかった
○○消えて欲しいよね
明日からハブろ
いいねｗｗ
さっきこうたがやってた写真《しゃしん》を送《おく》ったのもよくないんだね
これなんだけど
どれどれ
そうね
普段友《ふだんとも》だち同士《どうし》で写真《しゃしん》を共有《きょうゆう》するのはいいけど、相手《あいて》が嫌《いや》がるような写真《しゃしん》やエッチな写真《しゃしん》を勝手《かって》に共有《きょうゆう》したり、他《ほか》の人《ひと》が見《み》られるサイトにアップするのはやってはいけないことよ！
ネット依存のサイン
食事《しょくじ》・入浴《にゅうよく》・トイレ・人《ひと》と一緒《いっしょ》の時《とき》でもネットをしている
ネット依存・中高生52万人
対策委員会設置
精神面にも影
ネット依存・学生の間
ネットを長時間《ちょうじかん》しないと落《お》ち着《つ》かなかったり、イライラしたりする
ネットが原因《げんいん》で人間関係《にんげんかんけい》や勉強《べんきょう》に影響《えいきょう》がでている
あとはスマホ・パソコンがやめたくてもやめられない「ネット依存《いぞん》」になることもあるわ
ネット依存《いぞん》のサインに1つでもあてはまったら要注意《ようちゅうい》ね！

長時間《ちょうじかん》スマホやパソコンの画面《がめん》を見《み》ていると画面《がめん》の光《ひかり》の影響《えいきょう》で脳《のう》が興奮《こうふん》してなかなか寝《ね》つけなかったり睡眠《すいみん》の質《しつ》が落《お》ちることもあるわ
これクリアーしてから寝よ～
ランラン
寝れないぃ!!
するとつぎの日《ひ》も眠《ねむ》くて集中力《しゅうちゅうりょく》が続《つづ》かず、勉強《べんきょう》についていけなくなる子《こ》も増《ふ》えているそうよ
眠すぎ～…
そっか～、けどゲームとか、ついついやめられなくなっちゃうんだよなー
うう～ん
スマホはたしかに便利《べんり》だし、楽《たの》しいし友《とも》だちとのコミュニケーションでも欠《か》かせないものになっていると思《おも》うわ
だからこそ、自分《じぶん》や友《とも》だちの心《こころ》や体《からだ》を守《まも》る使《つか》い方《かた》をしていかなきゃいけないのよ
基本的《きほんてき》な3つのポイントを説明《せつめい》するわ
〈ポイント1〉ネットマナーを守《まも》る
具体的《ぐたいてき》には、他人《たにん》の悪口《わるくち》は絶対《ぜったい》書《か》かない自分《じぶん》や友《とも》だちの画像《がぞう》・動画《どうが》を公開《こうかい》したり、仲間外《なかまはず》れにしていじめに使《つか》わない
裏サイト
さっきのネットいじめってやつだよな

〈ポイント2〉相手《あいて》から返事《へんじ》がない時《とき》も気《き》にしすぎない
自分《じぶん》がしばらく返事《へんじ》できなくなる時《とき》や本当《ほんとう》に急《いそ》ぎで返事《へんじ》がほしいときは電話《でんわ》や直接《ちょくせつ》たしかめて
〈ポイント3〉使《つか》い方《かた》はおうちの人《ひと》と相談《そうだん》して決《き》める
フィルター
フィルタリングの設定《せってい》や、ベッドにスマホを持《も》ち込《こ》まない、勉強《べんきょう》や食事《しょくじ》の時《とき》は使《つか》わない、1日《にち》の使用時間《しようじかん》とかね
ダメー
そっか…スマホって便利《べんり》だけど
ルールを守《まも》って使《つか》うことが大切《たいせつ》なんだな…
翌日
2−3
こうた、昨日《きのう》の夜のやりとりだけどさ！
なんだよさっしー
隠《かく》し撮《ど》りした写真《しゃしん》を送《おく》るのとか、勝手《かって》にグループから退会《たいかい》させるのはやっぱよくないと思《おも》うんだよね
オレもされたらイヤだし
なんだよ冗談《じょうだん》だろ

TO BE CONTINUED...

教えて!? あすか先生〜!

Q

掲示板サイト／学校裏サイトを見たら自分の悪口が書き込まれていました。明日、学校に行きたくない……。

A

だれでも自由に見たり書き込んだりできるサイトやSNSで、自分の悪口や間違ったウワサを書き込まれていたらイヤよね。

イヤなことを書いた相手が友だちや知り合いとわかる場合は、「そういうことを書かれるのはイヤだからやめてほしい」と直接伝えてみて。もしかしたら、相手が誤解をしていたり、あなたからイヤなことをされたことがきっかけだったかもしれないわ。その時は誤解をといたり、素直にあやまるのが大切です。

イヤなことを書いた相手がわからない、特定できない場合は、相手にしないことも1つの方法。仕返しをするとさらにエスカレートすることがあります。もしひどい嫌がらせや脅《おど》しを受けたのなら、証拠を残しておきましょう。コメントや画面を証拠として保存（スクリーンショットをするなど）して、ホームページや電子掲示板の管理者に対して削除を要求できます。問い合わせ先が見つからない場合や、削除の対応をしてもらえない場合は掲示板等のプロバイダ（掲示板サービス提供会社など）に削除依頼を行ないます。もし自分ではむずかしいと思ったら、信頼できる大人に相談してみて。

恐怖心を与えることを目的として、あなたや家族の命、身体、自由、名誉、財産に危害を加えると伝えること（たとえば「殺すぞ」とか「言いふらすぞ」など）はそれだけで脅迫罪《きょうはくざい》にあたります。場合によっては学校や警察に相談することも必要です。
インターネットの書き込みは気軽にできるけど、だれでも自由に発言できるからって何でも書いてもいいというわけではありません。自分が書き込む時も、軽い気持ちで考えず、責任をもって発言することを心がけて。

教えて!? あすか先生〜!

Q

友だちがLINE外しを受けているんだけど、どうしたらいい？

A

「LINE外し」っていうのは、特定の子をLINEのグループに入れなかったり、グループから強制退会させることね。仲良しグループのうちのだれかを仲間外れにすることは、リアル（現実の世界／社会）でもあることだけど、LINE上だと面とむかっているわけではないし、簡単な操作でできるから、現実以上に起こりやすいと言えます。ただ、LINE上の仲間外れだろうと現実の仲間外れだろうと、された方はとても傷つきます。
見つけた時は、グループの友だちにやめるように言ったり、外されてる友だちに自分は味方だと声をかけるようにしてみて。もし友だちへの行為がエスカレートしてきて心配なようなら、グループトークの内容をスクリーンショットで撮って保存して、信頼できる大人に相談してみましょう。親や先生、スクールカウンセラーが力になってくれるはずよ。

Q

アダルトサイトで年齢確認のボタンを押したら、「登録が完了しました。登録料を支払ってください」と高額な料金を請求されてしまいました！　これって払わなきゃいけないの!?

A

サイトの登録に身に覚えがない場合、登録後・利用後に有料と知らされた場合、申込内容の確認画面が出なかった場合などには、支払いの義務はありません。年齢確認だけでサイト利用の契約《けいやく》が成立することはないから安心して。「登録を解除してください」とメールや電話をすることで、逆に業者に個人情報を知らせてしまうことになるから気をつけてね。パソコンのＩＰアドレスや、携帯電話の番号からは自分の住所や名前などの個人情報はわからないし、そもそも不当な請求には応じなくて大丈夫です。社会経験や取引の知識のない学生や未成年者を狙った不当なビジネスがあって、「いいカモ」を探している悪い大人がいることを自覚しておくことね。

スマホのアプリの場合は、インストールの時に端末《たんまつ》の個人情報が相手業者に伝わる可能性があるから注意が必要です。相手業者から身に覚えのない料金請求の電話がかかってきたり、メールが送られてきた場合は、電話の着信拒否やメールの受信拒否で対応するようにしてください。ちなみに親権者の同意のない未成年者の契約は取消ができるから、日頃から家族と相談しやすい環境をつくっておくことや、いざという時は必ず相談すること。ともあれ、あやしいサイトやアプリは利用しないのが一番よ！

教えて!? あすか先生〜!

Q　A

リベンジポルノって何？

リベンジポルノとは、ふられてしまった人が嫌がらせで、その相手の裸の画像や性行為をしている時の画像・動画などをネット上に流出させること。

裸の画像をネットに載せるぞと脅すことや、本人の名誉を傷つける写真や動画をネットに流すこと、性器やわいせつな画像をネットにアップすることはれっきとした犯罪です。だから、だれかに裸の画像を送れとメールをしたり、逆に自分の画像をだれかに送ったり、ＳＮＳにアップしたりしないようにしてね。

万が一、自分や友だちが脅された場合は、警察に相談しましょう。もし画像や動画が掲載された場合は、公表された状況やＵＲＬを証拠として保存（スクリーンショットなど）し、ホームページや電子掲示板の管理者に対して削除を要求し、インターネット・ホットラインセンターや警察に相談しましょう。

THE SEXUALITY EDUCATION FOR BOYS

LESSON 13 どこからが性暴力？

痴漢《ちかん》にあったらしいぜ
え!?
まじで!?
自転車《じてんしゃ》の男《おとこ》にお尻触《しりさわ》られたらしい
ぐぬぬ
ゆ…ゆゆゆるせん!!
下校時《げこうじ》
萌《もえ》ちゃん、結局《けっきょく》今日《きょう》は早退《そうたい》だったな
な〜…
痴漢《ちかん》かー 萌《もえ》ちゃん けっこう隙《すき》ありそうだからな〜
そんなこと言《い》うなよ！
そういえばお前《まえ》も小学校《しょうがっこう》の時《とき》、萌《もえ》ちゃんのスカートめくってたよな
それと痴漢《ちかん》とは別《べつ》だろー
んじゃまた明日《あした》
お、おう
またなー

けど萌《もえ》ちゃん心配《しんぱい》だなー…
ただいまー
なんかオレができることないのかな…
その痴漢《ちかん》を捕《つか》まえるとか…？
ムリだ…
痴漢《ちかん》ですって!?
性的《せいてき》ないやがらせや性暴力《せいぼうりょく》は！
被害者《ひがいしゃ》の心《こころ》を深《ふか》く傷《きず》つけることよ！
バ
あすか先生《せんせい》!!
毎回《まいかい》どうやって家《いえ》に入《はい》り込《こ》んでるのかとかそんなこと今日《きょう》はどうだっていいんだ！
先生《せんせい》、オレ、ちゃんと知《し》っておきたい！
ガッ！
あらさっしー
今日《きょう》はやけに積極的《せっきょくてき》ねテストとかに必要《ひつよう》な知識《ちしき》なの？
違《ちが》うよ！

大事《だいじ》な人《ひと》を守《まも》るために
バン！
どうしても今必要《いまひつよう》なんだ！
ふふ…よくぞ言《い》ってくれたわね
すっ
さっしー！
ご要望《ようぼう》にお応《こた》えして！
今回《こんかい》は性暴力《せいぼうりょく》・性被害《せいひがい》についてレクチャーするわ！
ビシッ
ぐっ
性暴力《せいぼうりょく》とは、性《せい》を手段《しゅだん》とした暴力《ぼうりょく》によって相手《あいて》を傷《きず》つけること
性《せい》にかかわる暴力《ぼうりょく》や犯罪《はんざい》は法律《ほうりつ》で取《と》り締《し》まられているわ
今回《こんかい》はどんなことが性暴力《せいぼうりょく》や性犯罪《せいはんざい》になるのか、
自分《じぶん》や友《とも》だちが性被害《せいひがい》にあった場合《ばあい》はどうしたらいいのかを見《み》ていくわね！

痴漢《ちかん》
強制《きょうせい》わいせつ罪《ざい》、軽犯罪法違反《けいはんざいほういはん》、各迷惑防止《かくめいわくぼうし》条例違反《じょうれいいはん》
・公共《こうきょう》の場所《ばしょ》で人《ひと》の身体《しんたい》に触《ふ》れたり、性的《せいてき》なことを言《い》うなどして相手《あいて》に恥《は》ずかしい思《おも》いをさせたり、不安《ふあん》にさせる行為《こうい》
のぞき
軽犯罪法違反《けいはんざいほういはん》、住居侵入等《じゅうきょしんにゅうとう》の罪《つみ》
・正当《せいとう》な理由《りゆう》がなく人《ひと》の住居《じゅうきょ》、浴場《よくじょう》、更衣《こうい》場《じょう》、便所《べんじょ》その他《ほか》、人《ひと》が通常衣服《つうじょういふく》をつけないでいるような場所《ばしょ》をひそかにのぞき見《み》ること
盗撮《とうさつ》
迷惑防止条例《めいわくぼうしじょうれい》違反《いはん》、軽犯罪法違反《けいはんざいほういはん》
・公共《こうきょう》の場所《ばしょ》や、通常衣服《つうじょういふく》をつけないでいるような場所《ばしょ》でひそかに通常衣服《つうじょういふく》で隠《かく》されている下着《したぎ》や身体《しんたい》を撮影《さつえい》すること
わいせつ物《ぶつ》頒布《はんぷ》・陳列《ちんれつ》
わいせつ物《ぶつ》頒布等罪《はんぷとうざい》
エロサイ
・わいせつ（エッチ）な文章《ぶんしょう》や図画《ずが》などを公開《こうかい》、配布《はいふ》、販売《はんばい》、もしくは販売《はんばい》のために所持《しょじ》していること
今《いま》は男性《だんせい》も痴漢《ちかん》の保護対象《ほごたいしょう》になっているのよ
男《おとこ》の人《ひと》も被害《ひがい》を受《う》けてるんだ

＊スカートめくりやズボン下ろしなども痴漢行為にあたります。

＊くわしくは警視庁 HP「ストーカー規制法」をご覧ください。
https://www.keishicho.metro.tokyo.lg.jp/kurashi/higai/dv/kiseho.html

ドメスティック・バイオレンス（DV）
DV防止法違反《ぼうしほういはん》
・パートナーや結婚《けっこん》している親密《しんみつ》な関係《かんけい》にある（あった）人《ひと》から受《う》ける暴力《ぼうりょく》。恋人間《こいびとかん》の暴力《ぼうりょく》のことを「デートDV」という。
私以外の女の人と連絡とらないで！
そんな…
お前みたいなクズとつき合ってやってんだぞ
殴《なぐ》る、蹴《け》る以外《いがい》でも、言葉《ことば》で傷《きず》つけたり、友《とも》だちとのつき合《あ》いを制限《せいげん》するのも暴力《ぼうりょく》にあたるわね！
「自分《じぶん》が嫌《いや》だと感《かん》じたことは相手《あいて》に伝《つた》える」「自分《じぶん》がやられて不快《ふかい》なことは相手《あいて》にはしない」という基本《きほん》ルールをきちんと守《まも》るのが大切《たいせつ》よ！
これされたらイヤだな
あっそうかごめん！
彼女はこれをどう思うだろう
援助交際《えんじょこうさい》・児童買春《じどうばいしゅん》
児童買春《じどうばいしゅん》・児童《じどう》ポルノ処罰法《しょばつほう》、青少年健全《せいしょうねんけんぜん》育成条例違反《いくせいじょうれいいはん》、児童福祉《じどうふくし》法違反《ほういはん》、強姦罪《ごうかんざい》、不同意《ふどうい》わいせつ罪《ざい》など
・18歳未満《さいみまん》の人《ひと》にお金《かね》を渡《わた》してセックスをすること。
・16歳未満《さいみまん》*の性的同意年齢《せいてきどういねんれい》に達《たっ》していない人《ひと》への性行為《せいこうい》は、同意《どうい》の有無《うむ》にかかわらず罪《つみ》になる。
不同意性交《ふどういせいこう》（レイプ）
不同意性交等罪《ふどういせいこうとうざい》
・嫌《いや》がっている相手《あいて》に脅迫《きょうはく》したり無理《むり》やりセックスをすること

＊13歳以上16歳未満の場合は5歳以上年齢差がある場合

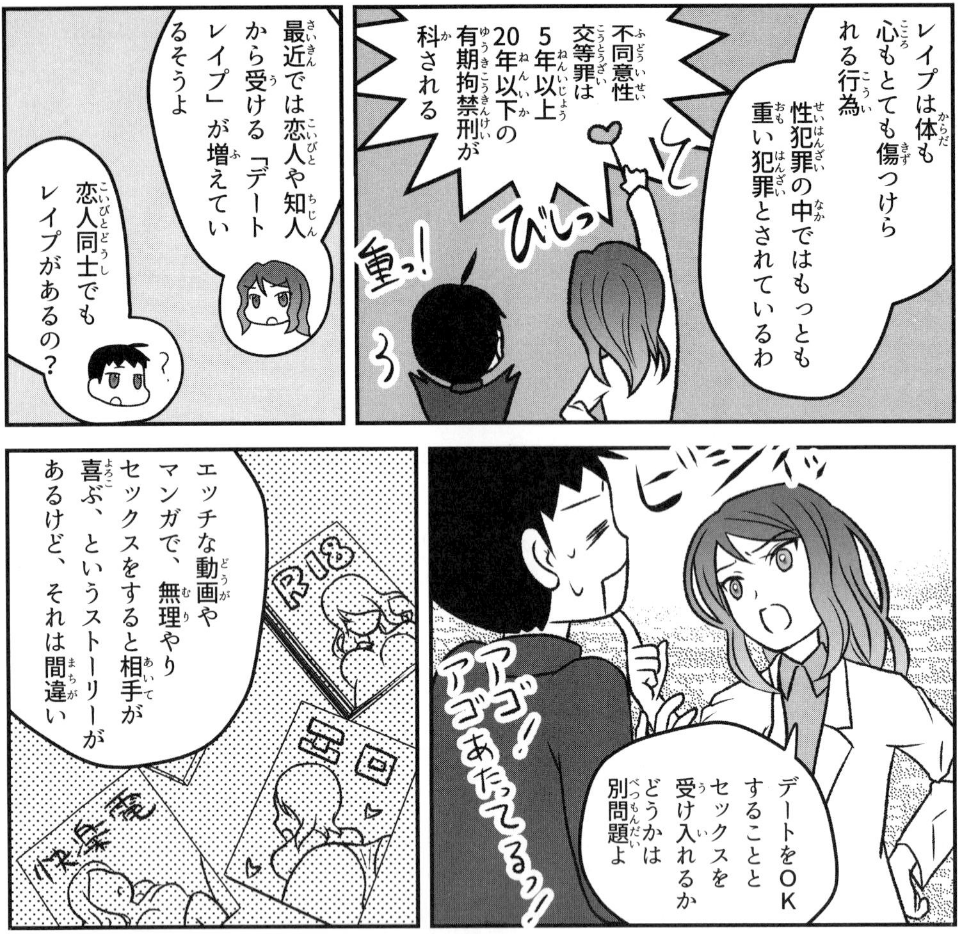
レイプは体《からだ》も心《こころ》もとても傷《きず》つけられる行為《こうい》
性犯罪《せいはんざい》の中《なか》ではもっとも重《おも》い犯罪《はんざい》とされているわ
不同意性《ふどういせい》交等罪《こうとうざい》は5年以上《ねんいじょう》20年以下《ねんいか》の有期拘禁刑《ゆうきこうきんけい》が科《か》される
びしっ
重っ！
最近《さいきん》では恋人《こいびと》や知人《ちじん》から受《う》ける「デートレイプ」が増《ふ》えているそうよ
恋人同士《こいびとどうし》でもレイプがあるの？
アゴ！アゴあたってるっ！
デートをOKすることとセックスを受《う》け入《い》れるかどうかは別問題《べつもんだい》よ
エッチな動画《どうが》やマンガで、無理《むり》やりセックスをすると相手《あいて》が喜《よろこ》ぶ、というストーリーがあるけど、それは間違《まちが》い
R18
同意
セックスについては同意《どうい》をきちんとたしかめることが大事《だいじ》ね！
ぴっ
「レイプ神話《しんわ》」というレイプにかんする誤解《ごかい》もたくさんあるわ
神話《しんわ》…？
こういうの？
たとえば…

被害者《ひがいしゃ》にも落《お》ち度《ど》がある
本当《ほんとう》は一方的《いっぽうてき》に犯人《はんにん》が悪《わる》いのよ！
あんな服装だし… あんなとこ1人で 歩いてるのが 悪いんじゃ…
嫌《いや》だったら最後《さいご》まで抵抗《ていこう》するはず
本当《ほんとう》は恐怖《きょうふ》で抵抗《ていこう》できなくなることが多《おお》いの！
加害者《かがいしゃ》は見知《みし》らぬ人《ひと》や異常《いじょう》な人《ひと》である
本当《ほんとう》は知《し》り合《あ》いや社会的《しゃかいてき》に普通《ふつう》の生活《せいかつ》を送《おく》っている人《ひと》が多《おお》いわ！
性欲《せいよく》により衝動的《しょうどうてき》にする
本当《ほんとう》は計画的《けいかくてき》な犯行《はんこう》であることが多《おお》いのよ！
いつもこの時間1人で歩いてるな
レイプ犯《はん》は性欲《せいよく》だけではなく、だれかを自分《じぶん》の思《おも》い通《どお》りにしたいという支配欲《しはいよく》からレイプをするわ
痴漢《ちかん》もそうだけど被害者《ひがいしゃ》に落《お》ち度《ど》はないのよ!!
ビシッ!

それなのに、第三者《だいさんしゃ》が被害者《ひがいしゃ》にも責任《せきにん》があると言《い》うことで、被害者《ひがいしゃ》がふたたび傷《きず》つく二次被害《にじひがい》にあうこともあるわ
さっきの…
萌ちゃんけっこう隙ありそう
ってやつも…
性暴力《せいぼうりょく》にかかわることがたくさんあるのはわかったけど…
もし被害《ひがい》にあった子《こ》がいたら自分《じぶん》にできることってあるのかな？
身近《みぢか》な人《ひと》が性被害《せいひがい》にあった時《とき》大切《たいせつ》なことは、被害者《ひがいしゃ》が安心《あんしん》して気持《きも》ちを打《う》ち明《あ》けられることよ
被害者《ひがいしゃ》が今《いま》どんな状態《じょうたい》にあるのか理解《りかい》しようという気持《きも》ちで話《はなし》を聞《き》いてあげて
そして、悪《わる》いのは加害者《かがいしゃ》で、被害者《ひがいしゃ》に責任《せきにん》はないことをくり返《かえ》し伝《つた》えるのがポイントね
男性《だんせい》・女性《じょせい》にかかわらず身近《みぢか》に頼《たよ》れる人《ひと》がいるということが心《こころ》の支《ささ》えになるわ

さっしーにもできることはあるのよ！
もし被害者《ひがいしゃ》から相談《そうだん》を受《う》けた時《とき》は、信頼《しんらい》できる大人《おとな》や、専門的《せんもんてき》な相談機関《そうだんきかん》につなぐのがいいわ
がしっ
レイプをされた場合《ばあい》は、妊娠《にんしん》や性感染症《せいかんせんしょう》の心配《しんぱい》もあるから、早《はや》めに病院《びょういん》に行《い》くことも大事《だいじ》ね
人《ひと》はだれでも自分《じぶん》の体《からだ》をだれに見《み》せるか、触《ふ》れさせるかといったことを自分《じぶん》で決《き》める権利《けんり》を持《も》っているわ
たとえ恋愛関係《れんあいかんけい》にある人《ひと》でも、合意《ごうい》にもとづく対等《たいとう》なコミュニケーションをしていくことが大切《たいせつ》よ
うん
よく言った！
大切《たいせつ》な人《ひと》を守《まも》れる大人《おとな》になっていきたいって思《おも》うよ
つぎの日《ひ》
萌《もえ》ちゃん！
さっしー
昨日《きのう》…大丈夫《だいじょうぶ》だった？
ありがとう 1日休《にちやす》んだら元気《げんき》でたよ
にこっ
そっかーよかった…

正直《しょうじき》、
外歩《そとある》くの、
まだちょっと怖《こわ》いんだけどね…
ぎゅ
あのさ!
あの…
よかったら、
オレ、家近《いえちか》いし、
今度《こんど》から一緒《いっしょ》に帰《かえ》ろうか?
…なんて…
さっしーとは部活《ぶかつ》終《お》わる時間《じかん》違《ちが》うからむずかしいかもね!
私《わたし》いつも吹奏楽部《すいそうがくぶ》の子《こ》と帰《かえ》ってるし!
ですよねー

けど、朝《あさ》なら一緒《いっしょ》に登校《とうこう》できるかな…
バッ
ホント!?
バッ
うん！
じゃあ明日《あした》、萌《もえ》ちゃん家《ち》前《まえ》の交差点《こうさてん》のところ、8時《じ》に行《い》くよ！
ありがとー！
さっしー…
自分《じぶん》や大切《たいせつ》な子《こ》の体《からだ》や心《こころ》を守《まも》れる知識《ちしき》はもう十分《じゅうぶん》得《え》たわね
これからは自分《じぶん》で頑張《がんば》るのよ…

さあ、行《い》かなきゃ！
私《わたし》を待《ま》っているつぎの悩《なや》める男子《だんし》のもとへ
…どうしたの？
ううん…あのさ…
いろいろ悩《なや》んだ時《とき》に現《あらわ》れるおせっかいな先生《せんせい》がいるって言《い》ったら…
萌《もえ》ちゃん信《しん》じる？
えー何《なに》それー
でも
そんな先生《せんせい》いたら、心強《こころづよ》いね
THE END.

教えて!? あすか先生〜!

Q

デートDVってどんなこと?

A

デートDVとは、カップルの間で起こる暴力のこと。一方の自分勝手で暴力的な言動を、もう一方が我慢《がまん》するという不平等な関係において行なわれます。暴力と聞くと殴る・蹴るなど身体的な暴力を思い浮かべる人が多いけど、つぎのような行為はすべて暴力にあたります。

身体的暴力 殴る・蹴る・髪をひっぱる、頬をつねる、物を投げるなど

精神的暴力 「お前はバカだ」など悪口を言ったりどなる、無視する、連絡先やケータイ・スマホを勝手にチェックするなど

性的暴力 嫌なのに性的なことを強要したり、言ったりする、避妊に協力しないなど

経済的暴力 お金や物を貢《みつ》がせる、お金を返さないなど

社会的隔離 ケータイ・スマホやパソコンの使用を制限する、メールや電話を強要する、外出を制限する、友人や家族から離す、つきまといなど

デートDVは、被害者の多くは自分が心を傷つけられている行為を「暴力」と認識していないことが多いのが問題です。

10代・20代の頃に交際相手がいたという人の中で、その相手から暴行を受けたことがあるかという質問に対して、女性の約7人に1人、男性の約17人に1人が「はい」と回答しています。*

＊内閣府平成23年度「男女間における暴力に関する調査」より。

もし自分が加害者になっているかもしれないと気づいたなら、相手の気持ちや考えを聞き、違いを尊重しなくてはいけません。逆に、被害者かもしれないと思った時は、暴力に対して「イヤだ」という自分の気持ちを伝えてみて。

もし友だちがデートDVの被害にあっている、あるいは相談を受けたら、「そんな人とは別れるべき」と一方的な判断で言葉をかけるのではなく、「話してくれてありがとう」と伝えたうえで「暴力はいけない」と親身に相談にのってあげてください。そして、見守り続けながらも信頼できる保健室の先生やスクールカウンセラー、地域のDV相談センターなどの専門機関への相談をすすめてね。

教えて!? あすか先生〜!

Q A

男子が性被害にあうことってあるの?

男子も、大人や同級生から、イヤなのに性的なことをさせられたり、言われたり、性的ないじめを受けることがあります。たとえばみんなの前で無理やりズボンを脱がせたりするのも、やっている方はかりに面白半分だったとしても、やられた方はすごく屈辱的《くつじょくてき》な思いをしています。生きる意欲を失ってしまうこともあるのです。遊びのつもりでも絶対にやらないでほしいし、もしやっている人がいたら「それって犯罪だし、自分がやられてイヤなことは他の人にもやらないでおこうよ」って止めてほしい。

性被害にあうと、性別を問わず被害者はとても傷つくし、自分が悪いと思ったりなかったことにしたいと自分自身を責めてしまいがちです。とくに男の子の場合は、相談しても「お前、男だろう！」「それでも男か！」「男だったらやり返せ！」と言われて、逆にもっと傷ついたり困ってしまう場合もあります。だけど性被害は被害者のせいで起きるのではありません。もし友だちが被害にあったら、その子の悔しい気持ちに寄り添いながら、「あなたのせいではない」「イヤなことはイヤだと言い続けることが真の勇気」と伝え続けて、信頼できる大人に助けを求めて。

Q

援助交際って何？　どうしてダメなの？

A

援助交際とは、子どもが大人にお金をもらうかわりに性的な行為をすること。「援交」と略したり、ネットでは「〇」「円／¥」「瓜（ウリ）」「佐保（サポ・さぽ）」「割り切り」など隠語で表現することもあるわ。援助交際は、「児童売春・児童ポルノ禁止法」や「インターネット異性紹介事業を利用して児童を誘引する行為の規制等に関する法律（略称：出会い系サイト禁止法）」、「青少年条例」などの法律*に違反します。

18歳未満の人にお金を渡してセックスをすると、お金を渡した人や紹介した人は罰せられます。お金をもらった方も補導されることがあります。援助交際では、相

＊女性や子どもが性的搾取（不本意な性的な行為を無理やりさせられる）や暴力から守るための法律

手から性暴力を受けたり、妊娠や性感染症で困ったり、隠し撮りされて画像や映像をネットでばらまくと脅《おど》されるなどというリスクも十分あります。
ただ、援助交際をする子の中には、単純にお金やほしいものがあるという理由だけでなく、せざるを得ない家庭環境の子がいるという現実もあります。たとえば性虐待《ぎゃくたい》や性暴力を受けた過去がある子、家にお金がなくて親に援助交際を強要させられている子、自分の存在を認めてほしい子や居場所がほしい子など、さまざまな背景があります。
そして、子どもを利用して自分の欲望を満たそうとする大人の存在や、それでお金儲《かねもう》けをしようとする世の中のしくみが問題です。すべての子どもが安心して生きていける社会をつくらなくてはなりません。

教えて!? あすか先生〜!

Q

A

スクール・セクハラって何?

セクハラとは、セクシュアルハラスメントの略で、相手を不快にさせる性的な言動（発言や行為）のこと。学校や塾・習い事などで先生から生徒に行なわれるセクハラがスクール・セクハラです。
たとえば、性的なからかい・冗談や、性的なものを見せたり、体への不必要な接触、

「男だから」「女だから」と性別によって役割を強制する、などがあたります。
　不快と感じるかどうかは人によって異なるので、やっている方はかりに軽い気持ちや親しみのつもりだったとしても相手が不快と感じれば、それはセクハラになります。自分が「イヤだな」とか「おかしいな?」と感じた時は、「イヤです／不快です」と伝えましょう。もし相手に伝えても改善されない時や、言いづらいと思う時は、被害内容を記録に残し、保健室の先生やスクールカウンセラー、信頼できる大人に相談しましょう。自治体によっては、スクール・セクハラの相談窓口を設けているところもあるので、自分の住んでいる地域にあれば、利用するのもいいわね。

先生・保護者のみなさまへ

大人が望まずとも、子どもが性的な情報に簡単に触れる機会が多い時代になりました。社会問題も複雑化し、子どもの性の現状は多彩な問題をかかえています。

日本の子どもの性の現状はというと、

・男子高等専門学生に射精のイメージを聞いたところ、「汚らわしい」という回答が7人に1人、「恥ずかしい」が5人に1人（2010年猪瀬優理、「中学生・高校生の月経観・射精観とその文化的背景」より）

・性経験のある人の割合は、女子高校生は4人に1人、男子高校生は7人に1人、女子中学生で20人に1人、男子中学生で25人に1人（2011年日本性教育協会調査報告より）

・日本の人工妊娠中絶件数は微減傾向にあるものの、10代の中絶件数は年間約2万件。1日に換算すると約53件に及ぶ（平成25年度厚生労働省「衛生行政報告例の概況」より）

・高校生で性経験があるおよそ10人に1人が性感染症に感染（平成18年国立保健医療科学院調査より）

・今の大学生がはじめて性的メディアに接した時期は、男女とも、小学5年生未満がトップ（渡辺真由子著『性情報リテラシー』より）

・LGBTは国内人口の7・6％、約13人に1人という割合（2015年電通ダイバーシティ・

ラボ調査より）

・性的なことに関心がない、無関心な若い男女が増加傾向（日本家族計画協会「男女の生活と意識に関する調査」より）

・中学生の35％、高校生の63％がインターネット上のトラブルや問題行動に関連する行為を経験（2012年度内閣府「青少年のインターネット利用環境実態調査」より）

一方で、学校の性教育の状況はというと、中学校で性教育にあてられる授業の平均時間数は、中学の各学年での平均で約3時間前後。フィンランドの年間17時間、韓国の年間10時間と比較しても、格段に短い時間です（橋本紀子著『こんなに違う！　世界の性教育』より）。

私自身、学生時代に意図せず妊娠し、中絶を選択した過去があります。「どうして私ばかりつらい思いをするの？」と当時はとても苦しい思いを経験しました。しかし、自分以外にも、相手の男の子にお願いしても避妊をしてくれない子、妊娠・中絶したことすら親や相手に言わない（言えない）子、性感染症にかかり悩んでいる子……など、性のトラブルに苦しむ子はたくさんいました。それは、家庭や学校で問題がある子だけではなく、家族仲もよく成績優秀で友だちも多い、本当に普通の子たちです。傷ついた若者の1人として「自分と同じようなつらい思いをする人を減らし、これからの世代の未来を応援したい」というのが私の原動力となっています。そして、あの時もう少し私もパートナーもお互いの性について理解していたら……という思いでこの本を執筆しました。

とくに、男の子の性教育は、女の子の性教育にくらべると、なぜか自然に学ぶものといった扱いで教育現場では放置されてきたように思います。「自分は男性の体や気持ちがわからないし、ハードルが高い」と感じているお母さん、「性のことなど親が教えてなくてもいいだろう」とその気にならないお父さんも多いのかもしれません。

「どんな性教育を受けましたか?」と思春期や20代の若い男性に聞くと、恥ずかしがって言葉を濁されるケースもありますが、「ほとんど覚えていない」とか「先生が恥ずかしそうだった」という答えを多く聞きます。自分自身の性に嫌悪感やコンプレックスを感じたり、玉石混淆の情報を得て、それにふり回されている子どもが少なからず見受けられます。

思春期は、性についての関心が急激に高まり、体の変化に不安を感じ、一方で心も不安定になりやすい時期です。自らの性を肯定的にとらえ、性被害にあわない、性加害をしない、対等で豊かな人間関係を築いていくことの大切さをきちんと伝えていく必要があります。性はリスクもあることですが、自分自身を知り、豊かな人間関係をつくっていくうえで、避けられないテーマです。

親御さんや先生方にはこの本を見ていただき、思春期の男の子たちがどのようなことに悩んでいるのか、どのようなサポートの方法があるのかを、知ってほしいと思います。この本を子どもに手渡すことで、性について考え、話すきっかけをつくってもらえたらと願います（できれば一言や手紙を添えて手渡していただくのがベストですが、それが難しい時は机や本棚にそっと置いておくだけでも……）。

とくに男の子の場合は、親御さんに性の悩みを打ち明けることは少ないかもしれません。しかし、子どもの性にきちんと向き合い、理解していこうとする姿勢は、自分のことを大切に思い、存在を受け入れてくれているという安心感を与えるはずです。ぜひ、皆さんが子どもたちの「あすか先生」になってもらえたらうれしいです。

最後に、はじめての著書となるこの本の執筆に二人三脚で取り組んでくださった合同出版さま、漫画家のみすこそさん、執筆のきっかけをつくってくださったやまがたてるえさん、お力添えをいただきました泌尿器科の内田洋介先生、そして、監修をお引き受けくださった村瀬幸浩先生に深く深く、お礼を申し上げます。

２０１５年６月

ＮＰＯ法人ピルコン理事長
染矢明日香

この本に寄せて

男の子たちを救おう

■電話相談の中の男の子たち

全国各地に開設されている子どものための電話相談。そこに寄せられる性に関する相談は、女の子と男の子とどっちが多いと思いますか？　なんとなく女の子からの方が多い気がしますが、実は男の子からの相談が圧倒的に多いのです。

女の子のまわりには、お母さんやお姉さん、養護の先生、そして同性の友だちなど悩みを聞いてくれる人が多くいます。それに対して男の子のまわりには、悩みを話せる人はまずいない。養護の先生は女性がほとんどだし、性の話を真面目にできる先輩などいるわけもなく……。友だち同士ならなおさら、性の話を真面目にするなんて変なやつだと思われてしまうのではないか！　という思いから口を開けないでいます。そこで、匿名の電話相談にたくさんの悩みが寄せられるのです。

その悩みのベスト3は、1位包茎、2位射精・マスターベーション（セルフプレジャー）・性欲、3位ペニスの形や大きさについてです。これはどこの相談でもほぼ共通しています。

これらの悩みは、ただ科学的な知識を得たいからというだけではありません。たとえ知識はあっても、それを現実的に理解できず不安になったり、自分の体や性に自信が持てずどうしたらよいかわからないために寄せられるのです。実際、自分の体や性がコンプレックスになり生きる意欲を失ってしまう子もいます。

この現状をこのまま放置することはできません。

■大人たちの責任、無責任

これまで男の子たちは、自分が抱える性の不安や悩みについて、身近な大人からまともに教えてもらう機会はまずありませんでした。学校での性教育も、受精のしくみや女の子の二次性徴、月経に関する話などが中心で、男の子が自分の体や性について勉強する機会は今も非常に限られています。

しかし、男の子は中学生くらいになれば性に関する好奇心がさかんになる子もいて、友だち同士でエッチな話をしたり、インターネットのアダルトサイトや雑誌などの画像や情報をかき集めはじめます。その中には、性についての不安や悩みに答えるのではなく、女性を性の道具として扱うようなものも多くあるため、ゆがんだ知識やイメージを彼らに植えつけてしまう危険があります。アダルトサイトなどを通して得た過激な表現や過度な演出を本当のことと思い込み、実際に行動して相手を傷つけたり……。

一方で、まともな性の情報に接する機会がほとんどないため、たまたま見たり聞いたりした情報をうのみにして性について嫌悪し、自分の心の中からシャットアウトするケースもあらわれてきています。

性は人間がつくりだした文化です。子どもたちを放ったままにしておいて、性について正当な判断や行動が自然と身につくわけではありません。子どもたちに性について正しい理解や知識を教え、考えさせる機会を与えるのは大人たちの責務です。

■大きく変化する性の考え方

今、世の中は性についての考え方が大きく変化しています。

たとえば性別についてです。これまで男と女の2つしかないとされてきましたが、もっと多様で複雑であるという考え方が広まってきています。さらに戸籍上や社会生活を送る上で、自分の望む性別を選択できる道も少しずつひらかれてきています。

2015年3月、東京都渋谷区は同性カップルを結婚に相当する関係として認め、「パートナーシップ証明」を発行する全国初の条例案を可決しました。これにより、生活上の困難（賃貸住宅への入居、病院での緊急時の面会や手術への同意など）が解消される道がひらかれました。

世界には同性同士の結婚そのものを認め、異性婚との差別をなくす国がすでに十数カ国にのぼります。人間の性別や性愛の形が決まりきったものでなく、多様であることを認める方向に向かいつつあるのです。

また、結婚する／しないや、妊娠する／しないなど性に関するあり方について、一人ひとりがよく考えて自分で決めていく時代になってきています。性行為についても相手の意思を尊重しないのは人権侵害にあたり、犯罪になるということを、子どもの頃からしっかり考えさせていかなければなりません。

■あすか先生登場！　この本の役割とは……

そこであすか先生の登場です！
この本に登場するあすか先生のように、お姉さん的な存在の女性がビシビシ正面から話す場面は、想像するだけでも爽快です。男の子たちも「女の人にセックスについてこんなにハッキリと話せる人がいるんだ」と思い、ジェンダーイメージ（性別に対する意識）が変わるきっかけになるかもしれません。
この本によって、男の子たちが性に関する誤解や偏見から抜け出して、不安や悩みから解放されることを期待します。さらに、これからは自分自身も性についてもっと積極的に学び、語っていいんだという意識と自信が育てられたら、素晴らしいことだと思います。
それにしてもあすか先生の見事な神出鬼没ぶり！　この本によって1人、2人、3人……もっともっといっぱいの男の子が救われますように。

監修者として　村瀬幸浩

【心の悩み】

『中高生のためのメンタル系サバイバルガイド』 松本俊彦〔編〕(日本評論社) 2012年
✵恋愛と性、薬物、自傷行為、非行、家庭不和などについて、具体例をもとにかかわり方や対応策を紹介。悩んでいる友達のためにも読んでおきたい1冊。

高校生向け

『エッチのまわりにあるもの——保健室の社会学』 すぎむらなおみ〔著〕(解放出版社) 2011年
✵定時制高校の保健室の先生が、生徒とのやりとりを通して、性やそれを取り巻く社会のことを解説しています。学校の先生にもオススメです。

『性の“幸せ”ガイド——若者たちのリアルストーリー』
関口久志〔著〕(エイデル研究所) 2009年
✵「性について正確な知識を得ても実生活にいかせない」という若者の現状。そんな悩みを乗り越えて幸せになった若者のリアルストーリーを通じて、どうすれば幸せな関係性を築けるようになれるのかを問い直します。

大学生・大人向け

『ヒューマン・セクソロジー——生きていること、生きていくこと、もっと深く考えたい』
村瀬幸浩他〔編著〕(子どもの未来社) 2016年
✵性を学ぶ意味、生殖をめぐる科学と人間関係、ジェンダー、性感染症、人権、性愛など、人間にとっての性をさまざまな角度から取り上げ、理解しておくべき性的教養がまとめられています。

『こんなに違う！　世界の性教育』 橋本紀子〔監修〕(メディアファクトリー) 2011年
✵5歳から性教育を行なうオランダ、「生物」の授業で教えるフィンランド、禁欲教育を行なうアメリカなど、世界と比較しながら日本の性教育について考えられる1冊です。

『子どもと性 必読25問　タジタジ親にならないために』 村瀬幸浩〔著〕(子どもの未来社) 2017年
✵小学生から思春期までの子どもが抱える性の悩みについて、保護者がどう向き合うべきか、性教育の専門家である著者が具体的にアドバイス。「もし同じ状況だったら自分はどうするか？」と考えながら読むのがオススメです。

『LGBTってなんだろう？——からだの性・こころの性・好きになる性』
薬師実芳＋笹原千奈未＋古堂達也＋小川奈津己〔著〕(合同出版) 2014年
✵性の多様性に関する知識を紹介し、実際にどんな対応をしたらいいのか解説した本です。当事者学生の声を多数掲載。子どもとかかわるすべての大人に読んでほしい1冊。

『自傷・自殺する子どもたち』 松本俊彦〔著〕(合同出版) 2014年
✵自傷行為や自殺をする子どもの実態、自傷と自殺の違い、援助にあたっての心構えや対応の実際などがまとめられています。

参考になる本

小学生高学年～中学生向け

【思春期の性の悩み】

『〔新版〕SEX & our BODY――10代の性とからだの常識』
河野美代子〔著〕（日本放送出版協会）2005年
✸体や妊娠のしくみ、性感染症や避妊について多面的に学べる本。イラストやデータが充実していてわかりやすいです。

『ティーンズ・ボディーブック〔新装改訂版〕』
北村邦夫〔著〕伊藤理佐〔イラスト〕（中央公論新社）2013年
✸体、月経、避妊、中絶、性感染症など、自分を大切にするために必要な性の知識を真正面から取り上げた内容。産婦人科である著者の思いや経験談が心に刺さります。

『イラスト版10歳からの性教育――子どもとマスターする51の性のしくみと命のだいじ』
高柳美知子〔編〕"人間と性"教育研究協議会〔著〕（合同出版）2008年
✸小学校の中・高学年から中学生を対象。体や性についてくわしく、イラストでわかりやすく図解されています。この本が「少し難しかったな……」と思う人にオススメ！

『恋するきみたちへ。――ちっちゃい先生からのメッセージ〔増補版〕』
上村茂仁〔著〕（ふくろう出版）2013年
✸年間100件以上の性教育・デートDV講演、無料メール相談を受けている産婦人科の先生による、10代のリアルな性についての本。

『からだノート――中学生の相談箱』 徳永桂子〔著〕（大月書店）2013年
✸思春期の質問や相談にのっている思春期相談士の著者が中学生からのよくある質問や悩みを、科学的な知識をもとに優しく解説。体、心、性や恋愛についての疑問が解決されます。

【男の子の体】

『マンガ おれたちロケット少年（ボーイズ）――知ってる？　おちんちんのフシギ』
手丸かのこ〔マンガ〕金子由美子〔解説〕（子どもの未来社）2003年
✸男の子がこっそり知りたい性器の大きさ・形、自慰、包茎、セックス、エイズについてなどの不安や疑問に応える内容。マンガ＋Q&Aという構成で読みやすいです。

【女の子の体】

『マンガ ポップコーン天使（エンジェル）――知ってる？　女の子のカラダ』
手丸かのこ〔マンガ〕　山本直英〔監修〕（子どもの未来社）2001年
✸初潮を迎えた女の子の二次性徴にともなう体の変化とその悩みを解説。マンガ＋Q&Aの構成なので読みやすいです。

『13歳までに伝えたい女の子の心と体のこと』 やまがたてるえ〔著〕（かんき出版）2010年
✸思春期に起こる体の変化や恋愛、命について、かわいいマンガとコラムでやさしくまとめられています。続編に『15歳までの女の子に伝えたい自分の体と心の守り方』があります。

チャイルドライン

18歳までの子どもの相談を聞いてくれます。チャイルドラインは「ヒミツはまもるよ」「どんなことも、いっしょに考える」「名まえは言わなくてもいい」「切りたいときは、切っていい」この4つの約束を守ります。
TEL 0120-99-7777／月～土曜日 16～21時　http://www.childline.or.jp/

今すぐ安全なところに逃げたい、帰る場所がない時

さまざまな理由で帰る家のない子どもたちのためのシェルター（安全な緊急一時避難所）があります。利用や相談をしたい時は、まずは電話やメールで問い合わせてみてください。

社会福祉法人 カリヨン子どもセンター

居場所を失ってしまった子どものためのシェルターを運営しています。
必要な場合は、東京弁護士会「子どもの人権 110番」にお電話ください。
TEL 03-3503-0110／月～金曜日 13時半～16時半・17～20時／土曜日 13～16時
http://www.h7.dion.ne.jp/~carillon/

子どもセンターてんぽ

10代後半の子どもたちの緊急避難先として、シェルター利用を中心とした居場所の提供やその他のアドバイスを行ないます。
TEL 050-1323-3089／月・水・金曜日 13～17時（祝日、年末年始除く）
http://www.tempo-kanagawa.org/　info@tempo-kanagawa.org

※その他にも、「子どもシェルター全国ネットワーク会議」で調べると、全国の子どもの支援に関わる施設を探せます。

その他

NPO法人 人身取引被害者サポートセンターライトハウス

強制的に売春をさせられたりAVに出演させられたりしている女性や子どものための相談窓口です。　LINEや電話で相談できます。
https://lhj.jp/contact/index.html

警視庁　ヤング・テレホン・コーナー

子どもが受けるさまざまな被害に関する無料電話相談です。
TEL 03-3580-4970／月～金曜日 8時半～20時／土・日曜日・祝日 8時半～17時

LINE安心安全ガイド

http://line.me/safety/ja/

こどものネット・ケータイのトラブル相談！こたエール（東京都）

小中高の児童生徒、及び保護者や先生の相談窓口です。メール・LINE相談もしています。
TEL 0120-1-78302／月～金曜日 9～18時／土曜日 9～17時（祝祭日除く）
http://www.tokyohelpdesk.jp

※これらの情報は、2021年4月現在の情報です。

LGBT／性的マイノリティについて

よりそいホットライン

セクシュアル・マイノリティの方の専用回線もある無料電話相談窓口。
TEL 0120-279-338／24時間対応

LGBTのためのヘルプラインサービス（NPO法人アカー）

同性愛者のための電話相談。エイズや同性愛について悩んでいる人、知識を求めている人からの相談に応じてくれます。
TEL 03-3380-2269／火・水・木曜日 20～22時（祝祭日はお休み）
http://www.occur.or.jp/

AGP　こころの相談

LGBTQ+の当事者の悩みや心の問題、またその家族の相談を行なっています。
TEL 050-5806-7216／火曜日 20～22時

レイプ・性暴力・デートDVについて

各地域に性暴力被害者支援ワンストップセンターがあります。性暴力について専門のトレーニングをつんだスタッフが相談にのり、被害直後に必要な医療や法律のサポートを受けられます。
内閣府 性犯罪・性暴力被害者のためのワンストップ支援センター一覧
https://www.gender.go.jp/policy/no_ violence/seibouryoku/consult.html
#8891に電話をかけると最寄りのセンターにつながります。

エンパワメントかながわデートDV110番

デートDVのことなら、どんなことでも相談できます。デートDVを受けているかもしれないという人はもちろん、まわりの友だちや家族、生徒のことが心配という人、あるいはデートDVをしているかも……と気づいた人からの電話相談も受けつけています。
TEL 050-3204-0404／火曜日 18～21時／土曜日 14～18時（年末年始除く）
http://ddv110.org/
DV(ドメスティックバイオレンス)の相談は、#8008に電話をかけると最寄りの配偶者暴力相談支援センターにつながります。

虐待・家族からの暴力について

児童相談所
18歳未満の方の家族から暴力について、虐待かもと思った時に相談できます。
189に電話をかけると最寄りの児童相談所につながります／24時間対応（※一部のIP電話はつながりません。）

法務省　子どもの人権110番

児童虐待など子どもの人権に関する電話相談が無料でできます。
TEL 0120-007-110／月～金曜日 8時半～17時15分

困った時の相談先

思春期の悩みについて

セイシル（株式会社 TENGA ヘルスケア）

中学生・高校生が抱える性のモヤモヤにこたえる web メディア
https://seicil.com/

思春期・FP ホットライン（一般社団法人日本家族計画協会）

思春期の体、心の悩み、性のこと、避妊全般の相談に専門家が応じてくれます。
TEL 03-3235-2638 ／月～金曜日 10 ～ 16 時（祝祭日はお休み）

※その他、各地域でも電話相談や、相談センターで直接相談ができるところがあります。
インターネットで「都道府県名　思春期相談」などで検索すると調べられます。

妊娠・中絶について

SOS 赤ちゃんとお母さんの妊娠相談（医療法人聖粒会 慈恵病院）

望まない妊娠など、妊娠に関する悩みについて助産師等が相談に応じてくれます。
相談は無料です。
TEL 0120-783-449 ／ 24 時間対応　http://ninshin-sos.jp/

全国のにんしん SOS 相談窓口（一般社団法人全国妊娠 SOS ネットワーク）

各自治体や民間団体が行なっている、妊娠についての相談窓口一覧が掲載されています。
電話やメールで相談できます。
http://zenninnet-sos.org/contact-list

性感染症について

男の子は泌尿器科や皮膚科、女の子は産婦人科・婦人科で性感染症の診察してもらえます。
全国の保健所や保健センターでは無料・匿名で HIV などの性感染症の検査・相談を行なっています。

HIV 検査相談マップ（全国 HIV/ エイズ検査・相談窓口情報サイト）

http://www.hivkensa.com

NPO 法人ぷれいす東京

HIV/ エイズについての様々な相談窓口を運営しています。匿名でご利用できます。
https://ptokyo.org /consult

■監修者紹介

村瀬幸浩（むらせ・ゆきひろ）

東京教育大学卒業後、和光高等学校で保健体育教諭として25年間勤務。元一橋大学、津田塾大学、東京女子大学各講師。日本思春期学会名誉会員、“人間と性”教育研究協議会会員、『季刊セクシュアリティ』誌編集委員。
著書に『男子の性教育』（2014年、大修館書店）、『ヒューマン・セクソロジー』（2016年、子どもの未来社）、『タジタジ親にならないために』（2017年、子どもの未来社）など多数。

■著者紹介

染矢明日香（そめや・あすか）［著］

NPO法人ピルコン理事長。自身の経験から、慶応義塾大学在学中にピルコンを設立、2013年NPO法人化。医療従事者など専門家の協力を得ながら、若者や保護者を対象に性教育・ライフプランニングを学ぶ講演活動やコンテンツの開発を行なう。大学生ボランティアを中心に身近な目線で性の健康を伝えるLILYプログラムをのべ5万名以上の中高生に届け、思春期からの正しい性知識の向上と対等なパートナーシップの意識醸成に貢献している。公認心理師。思春期保健相談士。日本思春期学会性教育認定講師。

みすこそ［マンガ］

イラストレーター、漫画家、公認会計士。
著者の染矢氏とは慶応義塾大学在学中に出会う。活動に共感し、本書のマンガを担当する。
マンガ執筆を続けながら公認会計士として活動する1児の母。
著書に『いつか、菜の花畑で〜東日本大震災をわすれない〜』（2011年、扶桑社）。

NPO法人ピルコン

NPO法人ピルコンでは、中高生を対象に、大学生や若手社会人が身近な目線でライフプランニングに必要な性知識を伝える講座「LILY」や、保護者や一般向けの性教育の勉強会、性教育や若者の性行動の調査・研究を行なっています。
これからの世代が自分らしく生き、豊かな人間関係を築ける社会の実現を目指しています。http://pilcon.org
AMAZE
大人から子どもまで、楽しく学べる性教育アニメ
https://pilcon.org/activities/amaze

カバー・本文デザイン　根子敬生
組版　酒井広美（合同出版デザイン室）

マンガでわかる　オトコの子の「性」
思春期男子へ13のレッスン

2015年6月25日　第1刷発行
2025年4月30日　第12刷発行

監修者　村瀬　幸浩
著　者　染矢明日香＋みすこそ
発行者　坂上　美樹
発行所　合同出版株式会社
東京都小金井市関野町1-6-10
郵便番号　184-0001
電　話　042（401）2930
振　替　00180-9-65422
ホームページ　https://www.godo-shuppan.co.jp/
印刷・製本　株式会社シナノ

■刊行図書リストを無料送呈いたします。
■落丁乱丁の際はお取り換えいたします。

ISBN978-4-7726-1233-3　NDC379　210×148